Esta página ha sido dejada en blanco intencionalmente

CONTENIDO

PRÓLOGO

Me llena de satisfacción saber que hombres de Dios sientan inquietud y necesidad de participar en algún aporte dirigido hacia los obreros y feligreses de la comunidad cristiana evangélica.

Conozco personalmente a mi hermano en Cristo Juan José Binet; tuve el privilegio de participar junto a él en el ministerio pastoral, y cuando leía este libro, era como escuchar de nuevo algunas de las inquietudes que de una manera edificante expresaba para el bienestar eclesiológico.

La iglesia de Cristo es un organismo simple, pero al mismo tiempo complejo; y es que debido a su naturaleza tiene que ser así. Una institución de quien Cristo es la Cabeza, y quienes la formamos somos humanos, es parte del trasfondo que se debe considerar. La Iglesia es una institución divina, pero formada por humanos; explicar esto trae complejidad y a veces incomprensión entre muchos. La diversidad de culturas, etnias, lenguajes, nacionalidades, mentalidad, entre otros, podría ser un vehículo deteriorador de este complejo organismo; sin embargo, la permanencia de ella por cientos de años, es un testimonio indiscutible de la efectividad en medio de las limitaciones humanas, debido al Todopoderoso Obispo que la gobierna.

'La Iglesia De Cristo: Una Reflexión' expone un diálogo teológico-experiencial del pastor Binet, quien no pretende imponer ningún punto de vista, pero sí le provocará a meterse en dicho diálogo para que entonces pueda reflexionar. No dudo que en ocasiones, el punto de vista planteado por el autor, no sea su punto de vista; sin embargo el tema de la Eclesiología es tan complejo que se hace necesario analizar trabajos como el de este libro, y luego podrá usted sacar sus propias conclusiones.

Sin importar su posición ó tiempo en la Iglesia, usted debe leer este libro; le aseguro que al finalizarlo se convertirá en un creyente más maduro en lo que respecta a su participación en este Cuerpo sagrado, y a su aprendizaje en el diálogo eclesiológico.

Lic. Jorge Daniel Cerda.

INTRODUCCIÓN

La redacción y publicación de este libro es el producto de serias inquietudes, así como el resultado de mis continuas y profundas reflexiones sobre el tema que he de abordar, a saber, la Iglesia de Cristo sobre la Tierra. Al través de la publicación del mismo no pretendo "echar más leña al fuego", menoscabar ni denigrar el prestigio de la Iglesia del Señor, sino más bien, levantar una voz de alerta ante la alarmante situación de crisis y caos organizacional y espiritual en el que se encuentra la Iglesia hoy día. Mi más sincera oración al Señor es que Él quite toda afrenta e ignominia de entre Su Pueblo para que cuando Él regrese por ella, la halle libre de "mancha, arruga o cosa semejante" (Ef. 5:27; I Ped. 2:9-10).

Dirijo este libro a todos los siervos y ministros del Señor que tienen en sus manos la decisión de enrumbar la Iglesia por nuevos y frescos senderos, o si así se quiere, por los linderos antiguos que establecieron nuestros padres, volviendo así al plan original de Dios para Su Iglesia. Reto a todo siervo del Altísimo a acatar el llamado paulino a "renovarnos en el espíritu de nuestra mente," siendo lo suficientemente humildes para exponernos a las exigencias de la doctrina bíblica de la renovación.

LA IGLESIA DE CRISTO: UNA REFLEXIÓN

"...Y sobre esta Roca ($\pi\epsilon\tau\rho\alpha$) edificaré mi iglesia; y las puertas del Hades no prevalecerán contra ella", se ha convertido en una de las declaraciones más llenas de significado y de mayor aliento para los miembros de la Iglesia de Aquel que la pronunció. No cabe la menor duda de que al través de los siglos de la era cristiana así lo ha mostrado ser. Al hacer esta declaración, el mismo Señor Jesucristo se compromete a cumplir y mantener su resolución y por supuesto que él sabía lo que conllevaría. Esto hace de esta promesa una de las más impresionantes que a su vez resalta pronunciadamente el celo consumidor del Señor por Su casa. Tanto significa la Iglesia para Cristo, que la hace llamar Su Cuerpo del cual Él es la Cabeza (Col. 1:18). Esto implica que así como toda persona cuida de su cuerpo y "se ama a sí mismo" y entiende que el cuerpo es su máximo vehículo externo de identificación y proyección, de la misma manera Jesucristo lo percibe y lo asimila. El ama Su Iglesia, se "desvela" por ella; intercede continuamente por ella, mostrando así su interés por ese cuerpo de creyentes lavados por Su sangre.

La palabra Iglesia, del Griego $\epsilon\kappa\kappa\lambda\eta\sigma\iota\alpha$, es un término colectivo, lo que indica que pretende abarcar toda una gama de individuos miembros de la misma. Esto hace de la Iglesia un organismo complejo, versátil, variado, dinámico, conspicuo. Es precisamente este aspecto en el cual pretendo dedicar mayor espacio en el estudio-reflexión que me ocupa.

Estaremos enfocando la Iglesia desde una perspectiva convencional, desde un plano familiar a aquellos que llevan sobre sus hombros la encomienda de apacentar la grey del Señor con el fin de despertar su conciencia hacia una clara definición de la manera en la que debemos conducirnos en la "casa de Dios" (I Tim. 3:15).

Cuando declaramos que la iglesia es un organismo variado, queremos decir que, por el hecho de que está compuesto por miembros particulares, con diferentes personalidades, distintas maneras de pensar, con su propio modus vivendi, de diferentes estratos sociales, distintos trasfondos familiares, mentalidad diferente y perspectiva diferente de la vida, se presta a la diversidad y complejidad. Esto se traduce en la cruda realidad de que ha estado y seguirá estando integrada por seres humanos imperfectos, afectados profundamente por el pecado y sus consecuencias, que por ende involuntariamente cometerán errores irreparables que tristemente afectarán ésta y futuras generaciones de creyentes tanto bajo nuestra jurisdicción como de otros cuerpos locales. El mismo curso de la historia de la Iglesia así lo ha mostrado, siendo clara evidencia de la manera en que hoy hemos sido tocados sensiblemente por decisiones desacertadas, propias de una mente imperfecta, tomadas por ciertos hombres de Dios que manejarían el destino de la futura Iglesia de Cristo sobre la tierra. Esta realidad, por lo menos nos evita crear cierta mal fundada expectación de contar con una iglesia perfecta, ideal, totalmente acorde con los patrones divinos para Su Iglesia. Significa que no se hallará hombre alguno que posea todos los atributos necesarios y toda clave apropiada para guiar la iglesia conforme al corazón de Dios, que "haga el bien y nunca peque"; con razón dice el mismo Dios: "maldito el hombre que confíe en el hombre", con razón el apóstol Pablo exclama frustradamente: "miserable de mí, ¿quién me librará de este cuerpo de muerte?" (Rom. 7:24), con razón nos advierte el autor de Hebreos a que nuestros ojos estén únicamente puestos en Jesús quien es el Autor y Consumador de la fe (Heb. 12:2). ¿Pretendo dar una 'nota discordante' y crear desánimo y confusión entre los que aman entrañablemente y defienden la iglesia? De ninguna manera. Sólo quiero provocar a la reflexión de que, dada esta realidad, no debemos ser intransigentes, herméticamente cerrados en nuestras convicciones, maneras de proceder y parámetros de relaciones y comunión con otros grupos miembros de la Iglesia de Cristo, engañándonos a nosotros mismos al pensar que sólo "nosotros" tenemos una interpretación correcta de la Eclesiología, o que sólo nosotros tenemos el Espíritu de Dios, que no podríamos estar viciados por la subjetividad en asuntos de fe y práctica. Recordemos que "con el juicio con que juzgáis, seréis juzgados, y con la medida con que medís, os será medido" (Mat. 7:1-2), que nuestro juicio por mejor fundado que esté no es infalible. ¿Cuántos eminentes e insignes hombres de Dios no tuvieron que retractarse de muchas de sus acciones, decisiones y aún convicciones, cuando por mucho tiempo entendieron que estaban en la verdad, entre ellos personalidades como el apóstol Pablo cuando finalmente reconoció que Marcos 'le era muy útil', o el apóstol Pedro ante muchos de sus desafueros, Martín Lutero, Charles Haddon Spurgeon, entre otros? ¿Nota Ud. cuán compleja es la Iglesia de Cristo? Sin embargo, así lo quiso su Fundador; Dios, en la persona de Jesucristo murió por todos (II Cor. 5:15), sean chicos o grandes, continentales o isleños, sanguíneos o flemáticos, a todos ama y bajo ninguna circunstancia muestra acepción de personas (Rom. 2:11; Ef. 6:9). Él es el Creador de todo ser viviente, todos somos "sangre de su sangre" y por consiguiente tenemos la garantía de que a pesar de nuestras diferencias, no seremos destituidos ni despreciados por Él. Desafortunadamente somos nosotros los que mostramos segregación, inclinación especial por algunos, favoritismo, exclusivismo, racismo, ostracismo y otros *"ismos"* que cada día nos van alejando más del plan de Dios para Su Iglesia y nos hacen perder de vista la perspectiva de nuestra misión sobre la tierra.

Una de mis mayores preocupaciones estriba precisamente en esas "diferencias" las cuales hemos permitido que nos arropen y nos cieguen al punto de perder la visión de nuestra jornada sobre la tierra. Hoy por hoy, somos una iglesia totalmente segregada, donde cada cual ha hecho "tienda aparte" distinguiéndose por y rindiendo culto al independentismo y la desunión. A nombre de la sana doctrina bíblica de la "Separación" hemos provocado que se esfume y pierda sentido la oración sollozante del Maestro cuando rogó al Padre para que "todos sean uno" (Jn. 17:20-23). Debido a nuestro celo pasional hemos olvidado que Jesús oró para que "sean perfectos en unidad" (Vs. 23). ¿Qué significa la unidad para nosotros? ¿Qué sentido le atribuimos? ¿Era realmente importante para Cristo la unidad de Su Iglesia? ¿Por qué insistimos en desvanecer la unidad del Cuerpo de Cristo? Si Jesucristo decidiera "pasearse" físicamente entre Su Pueblo hoy, ¿aplaudiría él nuestra resuelta determinación de mantener Su Iglesia desintegrada, dividida en segmentos? Le invito personalmente a que separe de su tiempo para ponderar estas preguntas y arribar a sus propias conclusiones.

¿Cuáles son los elementos o factores que manifiestan la complejidad de la Iglesia de Cristo sobre la tierra? Mencionemos a continuación algunos de ellos y estudiemos su razón de ser, analicemos los aspectos positivos y negativos en ello, el provecho y/o desventaja que representa para la propia Iglesia.

LA SANA DOCTRINA

La frase "sana doctrina" (διδασκαλια) es una expresión adoptada, usada originalmente por el apóstol Pablo en sus epístolas (I Tim. 1:10; II Tim. 4:3; Tito 2:1). Se refiere en todos los casos a la enseñanza (διδαχη) pura, fiel a la revelación divina entregada a los santos hombres de Dios que hablaron siendo inspirados por el Espíritu Santo (II Ped. 1:21) Se trata del bastión del cristianismo original, del código que regula y determina la expresión de la fe en todas las edades de la era cristiana. La sana doctrina es la descodificación del mensaje de Dios para el hombre tal y como El la concibió. Por supuesto que para poder conocer y preservar la sana doctrina es necesario primeramente saber interpretarla, de modo que sería difícil apreciarla si no estamos familiarizados con los códigos universales sugeridos para su interpretación.

La sana doctrina es un elemento clave para conservar la buena salud en la Iglesia de Cristo. Esta evita que la Iglesia se plague de falsas doctrinas, equívocas enseñanzas que a la larga provocarán daños cuantiosos a su membresía. Por igual, mantiene la Iglesia alerta ante filosofías, huecas sutilezas y estratagema de hombres que con astucia promueven las artimañas del error, que cambiarán la verdad por la mentira, que introducirán encubiertamente herejías nocivas. Me temo que, tal y como lo advierte la Palabra, en estos postreros tiempos muchos cuerpos de creyentes ya han sido telarañados por estas fieras desaprensivas. Desgraciadamente la iglesia del Siglo XXI ha abierto las puertas al error por la carencia de conocimiento apropiado para preservar la sana doctrina; otros, ingenuamente han prestado su púlpito a indoctos e inconstantes que no han hecho otra cosa sino tergiversar Las Escrituras.

¿Cómo ha contribuido el preservar la sana doctrina al desarrollo y bienestar de la Iglesia? ¿En qué sentidos ha sido afectada por ello? ¿Cómo muestra la sana doctrina la complejidad de la Iglesia? Intentaremos contestar estas preguntas a continuación.

Tal y como lo hemos señalado, la sana doctrina se constituye en el baluarte que mantiene la Iglesia en pie. La historia de la iglesia ha demostrado que las iglesias que han predicado la sana doctrina han producido creyentes sanos, más saludables, más comprometidos y equilibrados que las que la han tomado al menos. Un producto de la sana doctrina es una atinada concientización de los valores bíblicos cristianos, un compromiso bien definido para defenderla ante todo aquel que demande razón de la esperanza que hay en nosotros (I Ped. 3:15), refutando argumentos, y toda altivez que se levanta contra el conocimiento de Dios, y llevando cautivo todo pensamiento a la obediencia a Cristo (II Cor. 10:5).

Dios es un Dios que se glorifica y se complace en la resuelta disposición de Su Pueblo a mantener la sana doctrina. Así lo da a conocer cuando se dirige a las iglesias del Apocalipsis en Asia Menor, reprendiéndolas, con excepción de Esmirna y Filadelfia, por permitir la introducción de falsa doctrina en el rebaño, o por dejar de promover la sana doctrina. Aun los apóstoles repetidas veces hacen hincapié en la necesidad de "contender ardientemente por la fe", producto del discipulado que recibieron de su ραββουνι. El apóstol Juan es aun más estricto cuando dice: "Si alguno viene a vosotros, y no trae esta doctrina, no lo recibáis en casa, ni le digáis: ¡Bienvenido! Porque el que le dice: ¡Bienvenido! participa en sus malas obras. (II Jn. 10-11). Que no nos quede la menor duda de que, sin observar una actitud hostil hacia los que no manejan adecuadamente la doctrina bíblica, estamos llamados a "contender", "refutar", "defender", conservar y promover la sana doctrina a toda costa. Esto obviamente nos enseña sobre la sana doctrina de la Separación, que sin duda alguna brilla por su frescura en las Escrituras. Creo firmemente que la iglesia de hoy ha transigido por encima de los niveles tolerantes en su llamado a distinguirse, a evaluar todo grupo que llamándose iglesia, haya puesto a un lado la Biblia y haya decidido valerse de sus propios criterios. Pero, por otro lado, recordando que "a paz nos llamó Dios", que a pesar de que como Iglesia de Cristo discreparemos en muchos aspectos y que no siempre estaremos de acuerdo en la interpretación y/o aplicación de alguna doctrina en particular, tenemos que preservar la unidad de la iglesia. Nos es menester crear un clima de unión y solidaridad, antes que dar la impresión al mundo de que somos un pueblo dividido, plagado de diferencias, porque ¿cómo creerán si no pueden observar en nosotros unidad y capacidad de aunar criterios buscando un punto equidistante en nuestras relaciones? El Señor Jesucristo dijo a sus discípulos: "En esto conocerán todos que sois mis discípulos, si tuviereis amor los unos a los otros" (Jn. 13:35). Preguntará Ud., ¿entonces aquellos que no mantienen la sana doctrina también tendrán que ser tolerados dentro del Rebaño? ¿Son también parte de él? En muchos de los casos sí; creo que esto fue lo que quiso enseñar el Señor cuando comunicó la parábola del Trigo y la Cizaña (Mat. 13:24-30). A la postre, es responsabilidad del mismo Dios el separar las ovejas de los cabritos (Mat. 25:31-33), mientras que la nuestra es dejar todo juicio al Señor (Jn. 5:22). Confieso que mi celo personal por la sana doctrina me lleva muchas veces a asumir actitudes como la de Juan cuando, quejándose ante el Señor, recrimina la obra de otro que haciendo el bien no caminaba con el Maestro; pero qué gran lección recibo del Señor cuando le responde: "No se lo prohibáis; porque el que no es contra nosotros, por nosotros es" (Jn. 9:49-50). Cuando me surgen actitudes como éstas, me veo forzado a considerar la sabia y humilde actitud del apóstol Pablo cuando dice: "algunos predican a Cristo por envidia y contienda... de todas maneras, o por pretexto o por verdad, Cristo es anunciado; y en esto me gozo, y me gozaré aún" (Fil. 1:15-18).

En resumen, enarbolemos la bandera de la sana doctrina en nuestras comarcas cristianas a fin de que ésta ondee imponentemente contra los tempestuosos vientos huracanados de herejías destructoras y doctrinas malfundadas. Convirtámonos en grandes apologistas de la Palabra fiel, prorrumpiendo en tronante voz que es hora ya de respetar el mensaje original de Dios, la 'Sola Scriptura', denunciando a los indoctos e inconstantes que tuercen Las Escrituras. Pero a la misma vez comportémonos como lo que somos: un sólo Pueblo adquirido por Dios, con una sola fe, un solo bautismo, una sola esperanza, todos servidores de un mismo Cristo y Padre Celestial, nación santa, real sacerdocio, linaje escogido; y en vez de mostrar satisfacción al marcar nuestras pronunciadas diferencias, unámonos para anunciar las virtudes de Aquel que nos llamó de las tinieblas a su luz admirable; esfuércese y esforcémonos por nuestro Pueblo, y por las iglesias de nuestro Dios y haga Jehová lo que bien le parezca (Ef. 4:14-16; II Ped. 3:14-18; Ef. 4:1-6; I Ped. 2:9-10; I Cron. 19:13; II Sam. 10:12).

LAS DENOMINACIONES

Otro de los elementos comunes a la Iglesia de Cristo sobre la tierra que más dejan entrever su variedad y complejidad es Las Denominaciones.

Una Denominación no es otra cosa que la agrupación de iglesias locales y sus entidades, bajo un mismo credo, acuerdos de relaciones y prácticas que se comprometen y se someten voluntariamente a la supervisión y administración de un cuerpo electo de líderes competentes y probados en su tarea. Es un concepto creado para compensar las necesidades de los cuerpos de iglesias locales, nacionales e internacionales que siguen una misma línea de pensamiento y conducta, generalmente incorporados y con jurisdicción propia. En algunos casos la Denominación popularmente se la llamaría Religión o Secta cuando sus postulados distan considerablemente de las demás denominaciones cristianas.

Entre las denominaciones más conocidas están: los Presbiterianos, Luteranos, Wesleyanos (Metodistas), Anglicanos (Episcopales), Pentecostales, Bautistas, Menonitas, Nazarenos, Adventistas, Reformados, Independientes, Alianza Misionera, Templos Bíblicos, Moravianos, Catacumbas, Fe Apostólica, entre otras. Existe, por igual, una gran ramificación entre algunas de estas denominaciones como es el caso de los Pentecostales y Bautistas. Sólo en los Estados Unidos existen no menos de veinticinco denominaciones bajo el distintivo de Bautistas las cuales son independientes entre sí. Asimismo en los últimos lustros del siglo XX se han erigido una serie de teologías, corrientes filosóficas y movimientos que pretenden añadir nuevos matices al cristianismo. Entre estos resaltan: Neoevangelio, Ecumenismo, Carismáticos, Teología de la Liberación, Teología de la Prosperidad, etc.

Cada una de estas denominaciones es sujeto de una rica historia que ha gestado su desarrollo y definición. Algunas de éstas datan de varios siglos atrás, mientras que otras como los Pentecostales, por ejemplo, se originan a principios de siglo. Otras, se desprenden de raíces y filosofías de pensamiento de individuos o grupos que dejaron su huella en la historia del cristianismo, como los fueron los Cuáqueros, Anabaptistas, Martín Lutero, Calvino, los hermanos John y Charles Wesley, Menno, Elena White, etc.

La mayoría de las denominaciones se caracterizan por un enfoque muy particular de los aspectos doctrinales y prácticos. Algunas coinciden en sus postulados y lineamientos generales los cuales las hacen afines; otras, a pesar de su distanciamiento en sus creencias y prácticas, crean líneas de cooperación y comunión entre ellas. El resto, que entiendo es el mayor grupo, sólo se limita a reconocer otros grupos como evangélicos o cristianos en el sentido amplio de la palabra. Raras veces se establecen lazos de comunión entre éstas debido a que sus pronunciadas diferencias no les permiten coaccionar ni arribar a acuerdos que resulten en una franca y abierta confraternidad.

Entre las agencias cristianas resalta el famoso Concilio Mundial de Iglesias al cual hay miles de iglesias adscritas. Este concilio tendrá sus ventajas y aportaciones para sus iglesias miembros, pero de acuerdo a estudios y publicaciones, más que un organismo que pretenda lograr la unidad de la iglesia, es una agencia que pretende usar las iglesias como trampolín para lograr ciertos vínculos sociales con organismos e instituciones políticas, socialistas y seculares en general. Por otro lado, reúne en su seno una gama de iglesias con criterios y fundamentos tan distanciados y antagónicos que escasamente se puede hablar de unidad.

Lo interesante en todo esto es que cada una se acoge a lo que entiende es una buena aplicación de Las Escrituras y observación de las directrices bíblicas sobre la postura de la iglesia frente a grupos que se autodenominan cristianos.

Lo cierto es que muchos grupos han abusado y mal usado el término cristianismo, pues se han apartado deliberadamente de los fundamentos del cristianismo tal y como su Fundador, Cristo, los expuso. Estos niegan rotundamente tal señalamiento, pero si hiciéramos un rastreo minucioso de sus fundamentos escurriéndolos al través del cedazo de Las Escrituras, hallaremos que reprueban las mínimas exigencias del cristianismo bíblico.

No tengo la menor duda de que muchos de estos "reprobados" están amparados bajo el Concilio Mundial de Iglesias y otros concilios afines. El Señor Jesucristo será determinante cuando declare: "Nunca os conocí; apartaos de mí, hacedores de maldad." (Mat. 7:21-23).

A mi humilde entender, debemos ser cuidadosos y meticulosos a la hora de comulgar con otros grupos cristianos a fin de que no terminemos comprometiendo nuestros más sensibles y delicados principios y compostura. Si así hacemos, lejos de estar auspiciando el resquebrajamiento de la Iglesia de Cristo, más bien estaremos guardándonos de lobos rapaces, mercaderes de La Palabra, de grupos fantasmas que enmascarados confunden con finas sutilezas al genuino Pueblo de Dios. El verdadero Pueblo de Dios cuenta en toda su extensión con el discernimiento de espíritus que es un don comunicado por el Espíritu de Dios, siguiendo la recomendación juanina: "...probad los espíritus si son de Dios" (I Jn. 4:1-3).

Sin embargo, no es menos cierto que existen grupos, llamémosles iglesias –y cuando hablo de iglesias más bien pretendo hacer alusión directa a sus líderes que representan la máxima autoridad en su medio– que sí son cristianos-evangélicos genuinos, comprometidos, fieles a Dios, de sincero corazón e intenciones, que a pesar de su desacertada y distorsionada interpretación de Las Escrituras, muchas veces por razones ajenas a su voluntad, como las son la carencia de las herramientas y/o instrumentación apropiada para interpretar correctamente Las Escrituras, que por ser parte del Cuerpo de Cristo, miembros de la Iglesia única, merecen nuestro respeto, reconocimiento y cooperación, aun cuando discrepemos en algunos aspectos eclesiológicos y didácticos.

Por lo tanto, es prerrogativa de la iglesia seleccionar y admitir concienzudamente dentro de los grupos eclesiásticos organizados a quienes entiende serán de provecho y bendición en su interrelación. La actitud del resto no debe ser una de repudio y menosprecio hacia los que después de todo hacen esfuerzos similares o mayores por proclamar el Reino de Cristo en la capacidad y recursos que Dios les ha permitido tener. Una vez más, "el que no es contra nosotros, por nosotros es" (Luc. 9:50).

Las denominaciones siendo elemento constitutivo de la Iglesia de Cristo y por causa de su complejidad, tienen sus ventajas y desventajas. A continuación, algunas de ellas:

A. VENTAJAS:

1) Crean una plataforma para la proliferación del e-evangelio y del Reino de Dios en diferentes medios y contextos, circunstancias, estilos, estratos sociales, grupos étnicos, etc.

2) Promueven la interrelación, apoyo, supervisión, directrices y disciplina de sus propios miembros y de otras instituciones afines.

3) Propulsan el desarrollo de la Iglesia desde diferentes perspectivas contribuyendo al enriquecimiento de la cultura cristiana.

4) Auspician la libertad de culto, de pensamiento y de expresión en un sistema donde cada individuo tenga la prerrogativa de decidir por sí mismo frente a alternativas.

5) Garantizan la vigencia de patrones morales, éticos y espirituales como parte de una comunidad en particular.

6) Generan un modelo a seguir para las generaciones venideras.

B. <u>DESVENTAJAS</u>:

1) Propician la ramificación excesiva del Cuerpo de Cristo.

2) Provocan la confusión y las dudas entre sus miembros sobre cuál de todas cuentas con el sistema ideal o patrón más cercano al ideal bíblico.

3) Ahuyentan la interrelación, correlación, confraternidad y comunión entre las distintas denominaciones.

4) Debilitan el concepto bíblico de la unidad del Cuerpo de Cristo sobre la tierra.

5) Dificultan los esfuerzos e intentos de unificar criterios de los promotores del ecumenismo bíblico.

AGENCIAS CRISTIANAS & INSTITUCIONES PARA-ECLESIÁSTICAS

Se las denomina entidades paraeclesiásticas a aquellas organizaciones que persiguen fungir como refuerzo, apoyo y complemento a la Iglesia de Cristo. El prefijo "Para" proviene del Griego παρα que se traduce "junto con, al lado de, paralelo a." En la mayoría de los casos se trata de oficinas establecidas por miembros reconocidos de alguna iglesia en particular en plena comunión y respaldados por su propia y otras iglesias para dedicarse a la labor que les constriñe. En otros casos, estas oficinas llegan a desarrollarse o desempeñan una labor tan encomiable a favor de los propósitos e intereses de la(s) iglesia(s) que son reconocidas como ministerios de la iglesia local. Muchas de estas organizaciones paraeclesiásticas son respaldadas económicamente por iglesias locales o miembros particulares de las iglesias que se comprometen en una base periódica o sistemática a sufragar los gastos e inversiones de dichas oficinas. Existen otras, bien fundamentadas, que se valen de su propio peculio, autosufragándose, gracias a las ganancias que generan por los servicios que prestan o por sus inversiones que les devengan el capital necesario para su funcionamiento. Otras, no logran el apoyo que esperan de las iglesias y se ven forzadas a operar por su propia cuenta bajo su propia jurisdicción o a desaparecer, lo que significa que la iglesia ya no podría regular, supervisar o tener acceso directo a estas organizaciones como quisiera.

Entre las más conocidas están: Asociación de pastores, librerías, imprentas, casas de publicación, casas disqueras y estudios de grabación, emisoras cristianas de radio y televisión, Aviación misionera, propiedades como campamentos, complejos deportivos, consorcios. Centros de enseñanza como universidades, colegios, seminarios, institutos bíblicos. Clínicas, hospitales, servicios a la comunidad (World Vision, International Child Care, Food for the Hungry, etc.)

¿Cuáles son las ventajas y desventajas de las entidades paraeclesiásticas con relación a la Iglesia de Cristo?   A continuación, una lista sugerida de las tales:

A. VENTAJAS

1) Cubren ciertas necesidades que difícilmente la i-iglesia puede cubrir.

2) Amplían el radio de acción de la iglesia, llegando a sectores y audiencias que la iglesia precariamente alcanzaría.

3) Ofrecen un patrón organizacional y administrativo que la iglesia podría emular.

4) Ofrecen oportunidad de empleo y ocupación en servicio y ambiente cristianos a algunos miembros de la iglesia.

5) Cumplen con ciertos ministerios que irresponsablemente la iglesia no desarrolla o que sencillamente no tiene la visión de emprender.

B. <u>DESVENTAJAS</u>

1) Roban a la iglesia la oportunidad de cumplir con su papel como iglesia.

2) Sustituyen los ministerios de alcance social y comunitario propios de una iglesia visionaria.

3) Escasamente responden o se identifican con los lineamientos, posturas y fundamentos de una i-iglesia local por causa de su carácter interdenominacional.

4) Ocupan a ciertos miembros claves en la iglesia al punto en que la iglesia no puede contar con ellos o esperar lo suficiente de ellos.

5) Crean una falsa idea en sus empleados cristianos de que ya están cumpliendo con su servicio cristiano en su totalidad.

A pesar de las desventajas que muestran las organizaciones paraeclesiásticas, éstas están cumpliendo con un rol encomiable que la iglesia debería imitar. En los últimos años las tales se han proliferado de manera notable y su auge promete avanzar mientras la iglesia acepta el reto de competencia.

EXÉGESIS & CANONES DE INTERPRETACIÓN

Definitivamente los códigos y parámetros adoptados para interpretar la Biblia han sido determinantes en la variedad y complejidad de la Iglesia de Cristo. Por causa de los métodos de interpretación de la misma se han erigido diversos criterios, ideologías, filosofías y sistemas alrededor de la iglesia profesante que por igual hacen resaltar sus ventajas y desventajas.

La ciencia que estudia la Interpretación de Las Escrituras se la llama Hermenéutica. El término hermenéutica proviene del griego ερμηνευτηκος que se refiere al arte de interpretar los textos. Esta ciencia suministra las herramientas y mecanismos necesarios para la correcta y más objetiva descodificación de la Santa Biblia; ello, por supuesto, no garantiza un sistema infalible de interpretación ya que en algunos casos los códigos seleccionados para su interpretación muestran cierto margen de error, pero a la misma vez se convierten en los más ampliamente aceptados internacionalmente por teólogos y eruditos bíblicos de renombre.

El vocablo "Exégesis" proviene del griego εξεγεσις que en todos los casos se refiere a la extracción directa del contenido cabal del material en cuestión. Se trata de un estudio sucinto y minucioso del contenido, apegándose a las más estrictas reglas de la honestidad e integridad como para aceptar y/o comunicar los resultados lógicos y obvios del estudio realizado. Es un "sacar" la verdad del documento estudiado con las herramientas correctas para poder tener una apreciación correcta del sentido original del material y para poder interpretar correctamente el mensaje plasmado en él y así finalmente hacer una aplicación saludable, en concordancia con el material original.

La exégesis aplicada a Las Escrituras es de capital importancia pues nos asegura una fidedigna interpretación de la misma que es nuestro fin y necesidad ulterior. Tanto la exégesis como la Hermenéutica están estrechamente relacionadas pues la una se combina con la otra para servir de utensilio clave en la intención de interpretar apropiadamente la Biblia. En otras palabras, es prácticamente imposible interpretar adecuadamente Las Escrituras sin echar mano de sendas ciencias.

Un factor que ha afectado sensiblemente a la Iglesia de Cristo sobre la Tierra es las distintas interpretaciones de las que ha sido objeto la Biblia. Existen tantas interpretaciones de la Biblia como Denominaciones; de hecho, muchas de las denominaciones han sido establecidas como producto de una interpretación particular de la Escritura, de manera que la diversidad de denominaciones y/o religiones muestran un aspecto negativo de la Iglesia de Cristo. Las variadas interpretaciones de la Biblia han sido producto del desuso, poco uso o simplemente la ignorancia de la existencia de las ciencias de la Exégesis y la Hermenéutica. Es harto difícil escuchar hoy día un sermón expositivo de algún pasaje escritural que muestre el conocimiento por parte de quien lo expone de la Exégesis aplicada a las Escrituras. Jehová se quejó de Su pueblo al decir: "Mi pueblo fue destruido, porque le faltó conocimiento." (Oseas 4:6). Muchas audiencias quedan hambrientas y sedientas o sencillamente terminan inmutadas porque los responsables de la ministración de la Palabra sólo se limitan a dar su humilde opinión del pasaje que a penas pocas horas antes de entregarlo lo han seleccionado, mostrando su desinterés, ignorancia o poca preocupación por la calidad del texto y la frescura del contenido original disponible para nosotros aquí y ahora.

Dentro de los muchos métodos de interpretación adoptados hoy resaltan el método alegórico y el método literal. El método alegórico de interpretación de Las Escrituras está basado en el conocido lenguaje figurado que agrupa figuras gramaticales como las son: el símil, la metáfora, la prosopopeya o personificación, sinécdoque, paráfrasis, parábola, alegoría, pleonasmo, hipérbole, etc.

Todas estas figuras acusan la intención de dar un matiz muy particular al lenguaje, sea éste en prosa o verso. Algunas figuras gramaticales embellecen el lenguaje, otras procuran ampliar el sentido, otras sólo buscan distorsionar el lenguaje con el fin de dar una segunda impresión, muchas veces placentera al lector; otras, como la hipérbole, persiguen el propósito de exagerar el sentido del lenguaje, resultando en cierto sensacionalismo. Esto obviamente indica que la aplicación del método alegórico a la Biblia resulta en la inserción de matices diversos que en muchos casos terminan tergiversando el sentido original de Las Escrituras. Algunas casas de publicaciones y agencias traductoras de la Biblia, procurando hacer la lectura más fácil y cómoda al lector, se han valido de algunas de estas figuras, algunas aún suprimiendo el uso de ciertos términos insustituibles como "sangre", por ejemplo, ¡por entender que es un término que hasta provoca náuseas en muchos lectores! Lo que sí ignoran es que están abrazando y promoviendo inadvertidas el método alegórico de interpretación de la Biblia. Como resultado muchas iglesias han adoptado estas versiones modernas y como es de esperarse, la interpretación termina distanciada del sentido original que el Autor Divino de la Escritura plasmó en sus páginas. ¿Cómo entonces afecta el método alegórico de interpretación a la iglesia de hoy? En gran manera, pues el conocimiento de Dios y su mensaje se esfuma lentamente hasta que pierde toda sustancia original.

En cambio, el método literal de interpretación se basa en el primer sentido que comúnmente se interpreta a sí mismo, salvo casos en que el mismo autor señala la figura. Se basa en el hecho de que Dios dirige un mensaje común, con sentido común, para gente común, y nunca pretendería esconder el verdadero mensaje al lector a menos que así lo quisiera como el caso de algunas parábolas de Jesucristo.

El término "literal" hace alusión a "la letra" de donde procede la propia palabra. Significa que la atención se dirige a la propia letra, tal y como es, tal y como se lee. (Hagamos constar aquí, sin embargo, que el Apóstol Pablo usa el término "letra" en un sentido que se extiende más allá de su acepción común, refiriéndose más ampliamente a la palabra, la frase, el lenguaje escrito en sí. Rom. 2:27-29). Cuando hablamos de lo literal aplicado a la Biblia, queremos decir que la intención del autor al escribir o comunicar su mensaje era aquel cuyo sentido es el universalmente aceptado como primario, llano, escueto. Por ejemplo: Gen. 2:1-3 declara que el Señor creó los cie-los y la tierra en siete días. El método literal de interpretación acepta estos siete días en su sentido primario, a saber, lapsos de veinticuatro horas cada uno. Apocalipsis 20:1-7 señala que el Señor reinará por espacio de mil años. El método literal traduce estos mil años en segmentos de trescientos sesentaicinco días cada año. Escoger otro canon de interpretación que no sea el literal para interpretar las Escrituras complica el trabajo innecesariamente puesto que la premisa en las Escrituras es que "Dios ha hablado" (Heb. 1:1-2), y por causa de Su carácter, ha de suponerse que ha hablado con la intención de comunicarse, y para que haya comunicación se requiere un vehículo o código común, familiar al emisario y al receptor o descodificador, a saber, el lenguaje oral, escrito o mímico propio de un pueblo o nación.

Concluyo este capítulo señalando una vez más que es de lamentar que la iglesia de hoy haya sido tan negativamente afectada por su selección diversa de cánones de interpretación de la Palabra de Dios, pues ello ha provocado que se dificulte el aunar criterios y lograr la unidad que es el propósito ulterior de Dios para Su Pueblo. Sin duda alguna ha trastocado la imagen y concepto de Dios y por consiguiente ha alejado de la verdad al genuino Pueblo de Dios, lo que es comparable a la divagación del pueblo de Israel en el desierto, por su desobediencia, incredulidad, obstinación e ignorancia. ¡Permita Dios que nos volvamos a Su Palabra, que reconozcamos que muchos de nosotros nos hemos apartado de Su verdad y que necesitamos escapar del árido desierto para lograr entrada a la tierra que fluye leche y miel!

ECUMENISMO CONTEMPORÁNEO

El término "ecumenismo" se desprende del Griego οικουμενη que literalmente significa "tierra habitada" y que para nuestro interés se traduciría "que comprende todo el orbe". Este término ha venido evolucionando hasta adquirir un sentido espiritual aplicado a la cristiandad exclusivamente. Al hablar de ecumenismo hoy, nos referimos a los persistentes esfuerzos de parte de sus promotores de "abarcar todo el orbe cristiano", de permanecer unidos, como un solo pueblo, un solo cuerpo con un solo propósito. Los que se denominan ecuménicos hoy, suponen haber ignorado toda barrera doctrinal, teológica y denominacional para apertrecharse en un solo pelotón con la finalidad de adorar, alabar y servir con mayor fuerza y mayor alcance a nuestro Dios. A estos patentes esfuerzos en lo adelante le llamaremos **Ecumenismo Contemporáneo**.

Por otro lado, a mi humilde entender, tenemos el **Ecumenismo Bíblico**, que es el que se desprende de los tiempos y culturas bíblicas y/o el erigido sobre bases bíblicas. ¿Qué diferencia hay entre el contemporáneo y el bíblico? Tal y como lo señalamos en el párrafo anterior, la diferencia estriba en que el contemporáneo ignora las regulaciones bíblicas; no toma en cuenta la doctrina bíblica de la separación, pasa por alto las líneas limítrofes de la tolerancia, adoptando sus propios patrones y adaptándolos a circunstancias y necesidades efímeras. ¿De qué manera podríamos demostrar esta aseveración? Si nos tornamos a la Biblia y estudiamos pasajes claves al respecto, así lo corroboraremos. Analicemos los pasajes a continuación y juzgue por usted mismo.

II Juan 10-11: *"Si alguno viene a vosotros, y no trae esta doctrina (la de Cristo, vs. 9), no lo recibáis en casa, ni le digáis: ¡Bienvenido! Porque el que le dice: ¡Bienvenido! participa en sus malas obras."*

Para comenzar ofreciendo una explicación del texto, demos primeramente respuesta a la pregunta, ¿cuál es o en qué consiste la doctrina de Cristo? Se trata sencillamente de sus enseñanzas, de las lecciones, instrucciones y mandamientos que dejó con sus discípulos y con el pueblo israelí en general. Traer la doctrina de Cristo es permanecer apegado a su mensaje, es darle cumplimiento a sus exigencias, es acatar, obedecer y aplicar su contenido tal y como Cristo lo legó originalmente. Un ejemplo de doctrina de Cristo la tenemos en el magistral Sermón del Monte. ¿Estamos nosotros dispuestos a aplicar este sermón aquí y ahora? Si no es así, entonces no estamos "trayendo" la doctrina de Cristo. La sentencia por lo tanto es terminante: el que no permanece en la doctrina de Cristo no debe ser recibido ni bienvenido, y el que lo hace se hace copartícipe con el tal.

Me temo que el ecumenismo moderno no invierte tiempo en cuestionar la interpretación que muchos grupos le dan a la doctrina de Cristo, por lo tanto hacen caso omiso a la orden juanina en este pasaje.

II Tesalonicenses 3:6,14-15: *"Pero os ordenamos, hermanos, en el nombre de nuestro Señor Jesucristo, que os* *apartéis de todo hermano que ande desordenadamente, y no según la enseñanza que recibisteis de nosotros. Si alguno no obedece a lo que decimos por medio de esta carta, a ése señaladlo, y no os juntéis con él, para que se avergüence. Mas no lo tengáis por enemigo, sino amonestadle como a hermano."*

De acuerdo al contexto el andar desordenadamente se refiere primariamente a la actitud de algunos tesalonicenses de mantenerse desocupados y en la ociosidad (vv. 11). No se concibe que un cristiano profesante manche su testimonio rindiendo pleitesía a la vagancia e improductividad. El imperativo paulino aquí es que no podemos tolerar tal cosa y la manera de resistirla es apartándonos de tales hermanos. Es interesante que Pablo sigue llamándoles hermanos; no los cataloga como inconversos o impíos, por lo que nos estimula a que antes que aborrecerlos, les amonestemos a fin de que se tornen a la recomendada actitud cristiana.

A pesar de que este texto nos habla de medidas disciplinarias, las cuales no tengo la menor duda de que el ecumenismo contemporáneo aplica en la mayoría de lo casos, lo que me interesa señalar aquí es que no es bíblico, como lo sostiene el ecumenismo de hoy, que nunca habrá razón justificada para no juntarnos o entrelazarnos mancomunadamente con otros hermanos. Particularmente veo gran peligro en el muy trillado epíteto "no importa a la iglesia que vayas" ¡Claro que importa! Los fariseos, saduceos y los doctores y escribas de la ley también eran muy religiosos, guardaban 603 mandamientos, hacían largas oraciones y ofrendaban pues "su corazón era como el nuestro," pero Jesús tuvo que reprenderles duramente y les condenó, y encargó diligentemente a sus seguidores que se guardaran de su "levadura" (Mat. 23:13-36; 16:6) ¿No debemos nosotros entonces guardarnos de la levadura moderna y ser más selectivos y cuidadosos en nuestra búsqueda de comulgación con otros grupos?

Mateo 7:21-23: *"No todo el que me dice: Señor, Señor, entrará en el reino de los cielos, sino el que hace la voluntad de mi Padre que está en los cielos. Muchos me dirán en aquel día: Señor, Señor, ¿no profetizamos en tu nombre, y en tu nombre echamos fuera demonios, y en tu nombre hicimos muchos milagros? Y entonces les declararé: Nunca os conocí; apartaos de mí, hacedores de maldad."*

Uno de los pasajes en toda la Escritura que resulta más espeluznante y aterrorizador para mí es precisamente este. Me aterra pensar que habrá ciertísimamente mucho "pueblo de Dios" reconocido como tal entre la iglesia de hoy que dedicará e invertirá tiempo, grandes esfuerzos y sumas de dinero en la ardua tarea de pregonar el Evangelio del Reino, en el rescate de las almas perdidas, en la edificación del Cuerpo de Cristo; que se sacrificarán notablemente en los ejercicios espirituales como los son el ayuno y la oración, que harán uso de los dones espirituales y que inclusive, como el autor de Hebreos indica, serán iluminados, apetecerán el don celestial, serán hechos partícipes del Espíritu Santo, gustarán de la buena Palabra de Dios y los poderes del siglo venidero, que sin duda alguna serán pioneros vanguardistas en el esfuerzo de atraer masivamente al ingenuo Pueblo de Dios hacia concentraciones multitudinarias, que insistirán al través de los medios de comunicación que acudamos con toda la iglesia a presenciar el poder divino, para hacer alarde del "poder" que poseen y que demuestran al "profetizar," "echar fuera demonios" y "hacer milagros," donde el rótulo **Cristo Sana** resalta de manera tal que apenas se lee Cristo Salva, por supuesto, con intenciones alevosas preconcebidas. La Biblia claramente advierte que engañarán, si fuere posible, aun a los escogidos (Mat. 24:24) No obstante el veredicto será: Nunca os conocí, apartaos de mí. ¡Qué triste, cuán frustrante y decepcionante será esta horripilante experiencia! ¡Cuántos de nosotros quedaremos sorprendidos y estupefactos al tener que presenciar cómo "el gran hermano" pierde su entrada a la Gloria y es enviado al mismo infierno!

Este pasaje me hace levantar algunas preguntas: ¿Es esta una situación que ya se dio en el pasado o que aún es futurista? ¿Es esta situación una señal de los postreros tiempos o es parte del cristianismo histórico? ¿Podemos a ciencia cierta asegurar que ya estamos viviendo en los últimos tiempos? Si se trata de una situación que ya estamos viviendo, abramos nuestros ojos, ejercitemos el discernimiento de espíritus, solicitemos sabiduría de lo alto para juzgar los espíritus si son de Dios. Tengamos mucho cuidado con quien comulgamos, a quien seguimos, porque a nombre del ecumenismo, terminaremos siendo presa de estos inmisericordes e insensibles victimarios.

En conclusión, me limitaré sólo a citar los próximos textos, dejando a su discreción y juicio la interpretación de cada pasaje y esperando que el Espíritu de Dios le ilumine de manera especial como para comprender la despampanante realidad en que vive la Iglesia de los postreros tiempos.

II Pedro 2:1-3: *"Pero hubo también falsos profetas entre el pueblo, como habrá entre vosotros falsos maestros, que introducirán encubiertamente herejías destructoras, y aun negarán al Señor que los rescató, atrayendo sobre sí mismos destrucción repentina. Y muchos seguirán sus disoluciones, por causa de los cuales el camino de la verdad será blasfemado, y por avaricia harán mercadería de vosotros con palabras fingidas. Sobre los tales ya de largo tiempo la condenación no se tarda, y su perdición no se duerme."*

Judas 3-4: *"...que contendáis ardientemente por la fe que ha sido una vez dada a los santos. Porque algunos hombres han entrado encubiertamente, los que desde antes habían sido destinados para esta condenación, hombres impíos, que convierten en libertinaje la gracia de nuestro Dios, y niegan a Dios el único soberano, y a nuestro Señor Jesucristo.*

(Vs. 8) *"No obstante, de la misma manera también estos soñadores mancillan la carne, rechazan la autoridad y blasfeman de las potestades superiores."*

(Vv. 12-13) *"Estos son manchas en vuestros ágapes, que comiendo impúdicamente con vosotros se apacientan a sí mismos; nubes sin agua, llevadas de acá para allá por los vientos; árboles otoñales, sin fruto, dos veces muertos* *y desarraigados; fieras ondas del mar, que espuman su propia vergüenza; estrellas errantes, para las cuales está reservada eternamente la oscuridad de las tinieblas."*

(Vs. 19) *"Estos son los que causan divisiones; los sensuales, que no tienen al Espíritu."*

I Timoteo 4:1-3: *"Pero el Espíritu dice claramente que en los postreros tiempos algunos apostatarán de la fe, escuchando a espíritus engañadores y a doctrinas de demonios; por la hipocresía de mentirosos que, teniendo cauterizada la conciencia, prohibirán casarse, y mandarán abstenerse de alimentos que Dios creó para que con acción de gracias participasen de ellos los creyentes y los que han conocido la verdad."*

II Timoteo 4:3-4: *"Porque vendrá tiempo cuando no sufrirán la sana doctrina, sino que teniendo comezón de oír, se amontonarán maestros conforme a sus propias concupiscencias, y apartarán de la verdad el oído y se volverán a las fábulas."*

INTERDENOMINACIONALISMO

Otro de los aspectos en el que la Iglesia muestra su complejidad y variedad es en el Interdenominacionalismo.

El interdenominacionalismo no es otra cosa que la relación abierta entre las distintas denominaciones; sin embargo, el término "interdenominacional" mayormente se aplica a ciertas instituciones paraeclesiásticas o agencias cristianas, a pesar de que existen muchas iglesias que se hacen llamar interdenominacionales.

Existe cierta similitud entre el Interdenominacionalismo y el Ecumenismo, aunque no necesariamente se trata de lo mismo. La diferencia estriba en que el interdenominacionalismo se basa mayormente en relaciones técnicas y administrativas, en las que no se tocan ni se exigen las definiciones teológicas y doctrinales. Estas relaciones básicamente se desarrollan en un plano común a las denominaciones participantes, como los son la suministración y distribución de material educativo, asistencia técnica y organizacional, provisión de enseñanza teológica, actividades sociales y de aprovechamiento comunitario, el intercambio de recursos especiales y asesoramiento en ciertas áreas. Mientras que el Ecumenismo se basa generalmente en relaciones de corte espiritual, de roce y comulgación extracurricular y sí entran en juego las inhibiciones doctrinales y teológicas para poder mantener la relación.

Tal y como hemos señalado, el interdenominacionalismo se aplica mayormente a las organizaciones paraeclesiásticas pues éstas tienen como finalidad el ofrecer sus servicios a todas las denominaciones que tendrían a bien el recibir y consumir sus recursos disponibles. Si analizamos y evaluamos los servicios ofrecidos por la mayoría de las agencias paraeclesiásticas de carácter interdenominacional, llegaremos a la conclusión de que éstas están desarrollando una labor encomiable y digna de ser reconocida, pues crean programas y recursos que de otro modo la Iglesia difícilmente podría aprovechar debido a sus limitaciones de proyección y alcance.

Lo que sí es de preocupar es las iglesias llamadas interdenominacionales puesto que éstas comprometen las más definidas líneas bíblicas sobre la comunión cristiana. De acuerdo a los pasajes de la Escritura que citamos en el capítulo anterior y en base a la preservación y consolidación de la sana doctrina, la cual estamos llamados a mantener celosamente, se corre gran peligro en abrir demasiado las puertas de nuestras congregaciones –como es el caso de las iglesias interdenominacionales– a todo aquel que dígase ser cristiano, sobre todo si proviene de una denominación no evangélica, aunque sí "cristiana", porque no sabremos cuándo se sentarán "lobos rapaces" en la congregación quienes a su vez luego pretenderán que se les dé participación en el culto o programa hasta que finalmente harán el daño irreparable que en muchos casos termina dividiendo la iglesia. Por otro lado, se hace incómodo, por no decir imposible, predicar "todo el consejo de Dios" por temor a no ofender a los escuchas presentes que tienen una mescolanza de creencias o que ca-

recen de fundamento o convicción alguna. El que minis-
tra la Palabra se ve en la disyuntiva de soslayar ciertos
pasajes o de interpretarlos según su propia convicción
por el mero hecho de que, ante todo, debe primeramente
permanecer leal a los principios interdenominacionalis-
tas, aunque eso signifique atropellar, ignorar y/o hacer
caso omiso al mensaje original de Dios en Su Palabra.

En fin, al igual que todos los aspectos característicos de
la Iglesia de Cristo sobre la tierra, el Interdenominacionalismo tiene sus ventajas y desventajas. En ciertos casos
sobresaltarán sus ventajas y seremos lo suficientemente
humildes para aceptar que Dios también tiene Pueblo en
las iglesias interdenominacionales.

EXPRESIONES DE ADORACIÓN

La Iglesia de Cristo refleja deslumbrantemente su complejidad al adoptar distintas formas de adoración. La variedad en la adoración a Dios que muestra la Iglesia de Cristo es un colorido factor que hace destacar una vez más la libertad de culto, la privacidad, la autonomía y la apertura de las que disfruta la Iglesia del siglo XXI. Dentro de la adoración entran en vigor una serie de elementos que definen y distinguen a una iglesia de otra. Cada iglesia acoge un patrón de adoración que entiende más cómodo y adaptable a su medio y necesidades. A continuación, consideramos los elementos y factores que definen la Iglesia de Cristo en su adoración.

A) FONDO Y FORMA

Al abordar el tema sobre expresiones de adoración, indefectiblemente tendremos que aterrizar en lo concerniente al Fondo y la Forma. La adoración, per se, se trata del **fondo**, es decir del blanco o meta inicial y final del Pueblo de Dios cuando se congrega; es la infraestructura. Pero la **forma** agrupa aquellos elementos, aspectos y factores que entran en juego y llegan a integrar la adoración. Se constituye en la superestructura. Cuando hemos de referirnos al sistema de adoración usamos la palabra "liturgia."

Llamémosle liturgia al culto de adoración y alabanza en sí. Es la ceremonia dedicada y dirigida en veneración y pleitesía a la Triunidad.

La palabra "liturgia" del Griego λατρειαν, hace alusión al servicio público de carácter solemne ofrecido a alguna deidad. No hay otro elemento dentro de las expresiones de adoración del Pueblo de Dios que se preste más a la variedad como la liturgia desarrollada por las iglesias cristianas de hoy. Aún dentro de aquellas iglesias bajo una misma denominación y credo doctrinal, apreciamos la inclusión de ciertos elementos litúrgicos locales que reflejan particularidad.

Algunos de los elementos que entran en juego en los cultos de adoración en las distintas representaciones del Pueblo de Dios actualmente los son:

(a) *Cultura*

Es impresionante cómo la cultura resulta ser determinante en el desarrollo de la liturgia. Son innumerables los aspectos culturales intrínsecos de un pueblo, nación, grupo étnico o raza que afectan sensiblemente la adoración a Dios. Si tan sólo hacemos un recorrido por las páginas de la Biblia, encontraremos cómo el pueblo hebreo, sobre todo, incorporaba gran parte de su cultura en la adoración a Jehová. El pueblo judío hacía una entrega de lo que eran, de lo que componían, tal y como le había sido legado de sus antepasados. No intentaron ofrecer otra cosa que no fuera lo que conocían, lo que dominaban, lo que representaban, y a esto le llamamos patrimonio cultural. Es precisamente lo que mueve al caudillo

Moisés a insistir ante el Faraón: "Deja ir a mi pueblo." Necesitaban adorar en su tierra, entre su gente, "a su manera". Más impactante resulta ser la manera en que Dios acoge su adoración, cómo se place en recibir una adoración que emergía desde lo más profundo de un pueblo humilde y sincero.

Al día de hoy, el Pueblo de Dios ha crecido al punto tal que prácticamente cada cultura conocida en el globo terráqueo encuentra sitio en la adoración que Dios espera y recibe. Recordemos que Dios es el creador de la cultura. A Él le plugo crear una raza humana que se destacara por su vistosidad, por sus variadas expresiones de identidad, rica en heterogeneidad. Faltarían páginas para mencionar aquí las distintas expresiones de cultura integradas en cada culto de adoración, sobre todo si pretendiera dar detalles y ejemplos en cada caso, de modo que sólo me limitaré a mencionar las que más sobresaltan: (a) preferencia de días, tiempo y espacio de reunión, (b) integración de elementos folklóricos en la adoración, (c) duración de la liturgia, (d) cantidad de reuniones en la semana, (e) modo de educar a la congregación, (f) expresiones de fe, adoración y alabanza, etcétera, etcétera.

Insisto en que todas estas expresiones colectivas de corte cultural, siempre y cuando no rayen en lo antiético o bochornoso, son recibidas como olor fragante ante la presencia del Dios Omnicultural. Sin embargo, desgraciadamente somos nosotros, los más "creciditos", los que sencillamente no toleramos ni aceptamos que estos miembros del Cuerpo de Cristo expresen su gratitud a Dios usando los elementos propios de su cultura; en cambio, criticamos su liturgia y hasta los condenamos haciéndoles creer que están rindiendo culto a Satanás. ¿En quiénes yace el error? Obviamente, en nosotros los que creemos que sólo nuestra iglesia o denominación logra desarrollar la liturgia que Dios recibe con satisfacción. Entendamos una vez por todas que estamos equivocados, que Dios habita en medio de la alabanza de un pueblo sincero, humilde e íntegro que expresa su gratitud a Dios en la forma en que le dictan sus cuerpos, almas y espíritus. Promovamos la adoración a Dios en espíritu y en verdad y que sea Dios quien juzgue las intenciones del corazón.

(b) *Praxis Doctrinal*

Establezcamos aquí la diferencia entre Credo Doctrinal y Praxis Doctrinal: Una vez más el Credo Doctrinal se trata de la infraestructura, es parte del **Fondo** que no debe ser removido, pues del tal depende el resto de la estructura. En cambio, la Praxis Doctrinal se trata de la **Forma**, la práctica que resulta de la asimilación y aplicación de las Escrituras. En otras palabras, según sea nuestra interpretación bíblica, nos comportaremos y demarcaremos las líneas limítrofes de nuestra libertad cristiana.

Resulta ser curioso en muchos casos que ciertas denominaciones, aun abrazando el mismo credo doctrinal, se distancian considerablemente en su praxis doctrinal, precisamente por el enfoque local y/o particular de la doctrina que ha de ser adaptada a cierto medio, ambiente, cultura o necesidades perentorias de la denominación. Resaltemos aquí el hecho de que de acuerdo a las reglas hermenéuticas, sólo hay una interpretación posible del texto, mientras que las aplicaciones de dicha interpretación pueden ser múltiples. Un ejemplo de diferencias de prácticas entre dos congregaciones que acogen el mismo credo doctrinal lo sería el concepto particular que ambas tengan sobre el efecto complementario del ayuno acompañado de la oración para lograr ciertos resultados visibles. La una entenderá que medio día de ayuno al mes será más que suficiente para lograr estremecer las puertas del Cielo; la otra insistirá en prolongar el ayuno por todo un fin de semana, añadiendo así una pizca de sacrificio personal y colectivo a su humilde intención. Sin embargo, ambas ostentan la convicción de la necesidad de la oración acompañada del ayuno en base a la doctrina bíblica sobre este particular.

(c) *Orientación y Programación*

Aún en la orientación y programación de la adoración observamos ciertos aspectos que tienen que ver con el fondo y la forma. La adoración en la iglesia puede bien ser o estar orientada hacia la meta única de exaltar el nombre del Padre Dios, como también puede tratarse de un homenaje al Hijo Jesucristo, y en algunos casos podría estar concentrada en la humillación colectiva confesionaria, en búsqueda de un sincero perdón de parte de Dios. Por otro lado, la programación de la liturgia también podría apuntar hacia la necesidad de cubrir ciertas áreas integrales de la congregación, haciendo así del programa más ameno o participativo. Por ejemplo, algunas iglesias invierten el orden convencional del programa, colocando el sermón en la apertura de la liturgia y clausurando el culto con salmos, himnos y cánticos espirituales. En todo caso, tanto la orientación de la adoración, como la programación de la misma tienen que ver con la **forma**. De modo que distíngase nuevamente la diferencia entre **fondo** y **forma**. Mientras el fondo se mantenga inamovible e intacto, mientras no sea violado o amenazado, podremos recurrir libremente a cuantas ideas y expresiones de adoración nos vengan a la mano si el propósito final es enriquecer la liturgia dando toda gloria a la Triunidad y edificando al Cuerpo de Cristo.

(d) *Influencia Colectiva*

Un factor interesantísimo bajo las expresiones de adoración en la iglesia, lo es la influencia colectiva. Cuando hablamos de influencia colectiva nos referimos a esa conducta, ya sea programada o sea espontánea e involuntaria que es responsable de que toda una congregación adore y alabe a Dios en su propio estilo. Este comportamiento generalmente es desatado por el líder o conductores del programa al hacer una invitación al resto de la congregación a responder a las exigencias de su conducción. En otros casos es iniciada por algunos hermanos que se toman la libertad de expresar abiertamente sus emociones o sencillamente de corroborar alguna declaración con un "Amén", "Aleluya", o "Gloria a Dios". Esta conducta llega a influenciar un gran por ciento de la congregación reunida hasta el punto en que las expresiones de adoración se tornan mancomunadas.

Un factor inexorable en la conducta humana es la capacidad de influenciarnos los unos a los otros. Todo ser humano está programado para emular y copiar de otro; aunque sí es cierto que existe la creatividad y la originalidad en todos, no es menos cierto que la sociedad actual está estructurada en base a patrones que hemos copiado y observado en sociedades y culturas antepasadas. La iglesia no escapa a esta realidad. Cuando se nos hace el llamado a "amarnos los unos a los otros" y a ser "unánimes y de un mismo sentir", se nos pide que sigamos el ejemplo de los demás, como el mismo Señor Jesucristo se hace eco de esta necesidad (Mat. 11:29) y consecuentemente el apóstol Pablo (I Cor. 11:1). De modo que no debe ser necesariamente censurable el hecho de que la influencia en las expresiones de adoración encuentre sitio en la liturgia, pues así se logra que el grueso de la congregación sea llevado al punto clímax que se persigue cuando se planifica o se desarrolla la adoración.

(e) *Vehículos y Señales de Expresión Individual*
Este aspecto en el proceso de adoración está muy estrechamente ligado a la influencia colectiva porque constituye "el otro lado de la moneda". Mientras se per-sigue llevar a la congregación a un punto común en la adoración, a la vez se da por entendido que cada miembro presente es individual y le asiste el derecho o prerrogativa de adorar de acuerdo a sus criterios y de la manera en que se sienta cómodo consigo mismo y con Dios, siempre y cuando no llegue a ser contraproducente.

Es fascinante notar cómo aun cuando una congregación es homogénea, cada hermano adopta su propio estilo en la adoración y alabanza. Algunos se toman la libertad de levantar sus manos y ondearlas mientras se ora o se canta (I Tim. 2:8), otros sencillamente se dejan guiar por sus instintos correspondiendo de alguna manera particular al momento que les atañe. Otros súbitamente dan rienda suelta a sus emociones con expresiones de júbilo y algarabía haciendo público su sentir como resultado de la impresión y efecto del mensaje o llamado de los cánticos en su vida. Otros, mucho más identificados con la música, marcan el compás con sus pies, sus manos o balanceando sincronizadamente sus cuerpos al ritmo musical. Particularmente yo, por mucho tiempo estuve desacostumbrado a estas expresiones individuales de adoración y alabanza y hasta me hacían sentir incómodo pues en el ambiente eclesiástico en que me crié no se toleraba tal comportamiento; era considerado carnal y opuesto a la dirección del Espíritu Santo. Sin embargo, luego de estudiar este fenómeno, primero observando la situación en distintas iglesias y buscando explicación en aquellos quienes se toman la libertad de expresar su alabanza de dicho modo, llegando a la conclusión de que sus intenciones son humildes, sinceras, espontáneas y concienzudas, y segundo, escarbando la Biblia para constatar si se trata de una práctica condenable en Las Escrituras, llegué a la conclusión –desgraciadamente hace poco– que no es más que prejuicio y desconcientización lo que nos lleva a disentir contra estas inofensivas expresiones de adoración y alabanza que brotan cual manantial de lo más recóndito de un corazón agradecido y sencillo ante Dios. Lástima que, paradójicamente creyendo nosotros que condenando u oponiéndonos a esta práctica nos mantenemos del lado descontaminado espiritualmente hablando, lo que hacemos es el ridículo ante Dios al privarnos de rendir una adoración libre y espontánea que Dios recibe como olor fragante.

De todos modos, es honesto denunciar también que en muchas iglesias se repite el fenómeno de hermanos desaprensivos y malintencionados que aprovechan esta libertad "como ocasión para la carne." En todo caso, los sobreveedores de la grey deben activar el discernimiento de espíritus para controlar y dirimir esta situación.

(f) *Ministración Musical*

Hasta hace relativamente poco, la música, en su sentido amplio, no era considerada como determinante e influyente en la adoración. No ocupaba un lugar relevante en nuestras liturgias, sino más bien que se limitaba a la ejecución de un órgano eléctrico o piano que acompañaba a la congregación exclusivamente en un renglón del programa y conducida por un director de himnos clásicos frente a una audiencia que contaba con pocos himnarios o que sencillamente no conocía la mayoría de los himnos y por consecuencia el cántico y la alabanza rellenaban sólo un espacio en el servicio. No es mi intención aquí criticar a las iglesias que prefieren mantener esta tradición o que simplemente no cuentan con los recursos materiales ni humanos para enriquecer musicalmente el culto de adoración, sino más bien, primero señalar que en las últimas dos décadas varias iglesias y denominaciones han logrado entender y resaltar la importancia de la ministración musical en las iglesias, al punto en que muchas de ellas ya cuentan con un pastor o ministro de música cuyo papel es primordialmente dedicarse a la labor de la programación y educación musical de la congregación. Otras se han valido de una gran variedad de instrumentos musicales dándole un toque orquestal a la alabanza. Otras han estimulado el talento en miembros de la iglesia al costear o promover clases especiales de teoría musical y de instrumentos musicales. Otras han actualizado su coro polifonal introduciendo nuevos géneros musicales, ajustándose así al gusto y preferencia de todos los sectores de la congregación. Otras se han dado a la tarea, al través de sus educadores, de concientizar a la congregación sobre el papel que la música jugó, juega y jugará hasta la eternidad en el Pueblo de Dios, actualizándose por un lado y volviendo por otro, a la prolija y florida herencia que en el Antiguo Testamento el pueblo de Dios nos legó. En segundo lugar, alentar a los pastores e iglesias que no han tomado este paso, ya sea por resistencia o por ignorancia, a que una vez por todas reconozcan la trascendencia de la música en el ámbito eclesial y como consecuencia logren reactivar e inclinar el espíritu de la congregación hacia una adoración y alabanza integral en la que cada miembro en particular se conecta a distancia con el Sublime Creador de la Música y quien demanda en Su Palabra: "Hacedlo bien" (Sal. 33:3) y "...con inteligencia" (Sal. 47:7b).

No creo que exista una expresión de adoración más completa que aquella que va acompañada y coordinada por una ministración musical programada, ordenada y sincronizada que termina dándole **forma** a ese **fondo** que todos debemos conservar. No se necesita tener apreciación ni oído musical para darnos cuenta que la música forma parte de nuestro ser, que todos estamos y somos influidos y orientados, sepámoslo o no, querámoslo o no, por las ondas sonoras agradables a nuestro oído que nos hacen reaccionar a dicho estímulo.

Es necesario que institucionalicemos la música en nuestras iglesias como un ministerio en el sentido exacto de la palabra. Así como contamos con varios ministerios en la iglesia, de igual modo la música debe ser respaldada y elevada al sitial que le pertenece.

(g) *Educación Bíblico-espiritual*

Finalmente, la educación bíblico-espiritual se conjuga para ser parte del **fondo** y de la **forma** simultáneamente. Los educadores de la iglesia deben enfatizar el hecho de que la adoración es un imperativo bíblico; no es una alternativa que podamos soslayar. No habrá manera de negociar este aspecto tan importante de la vida cristiana cotidiana por ser parte integral del **fondo**. No obstante, es en la **forma** donde observamos puntos encontrados en la Iglesia de Cristo por causa del mal manejo de la exégesis y hermenéutica aplicada a la doctrina sobre la adoración y la alabanza a Dios. Muchos exégetas dispensacionalistas prefieren ignorar por completo y hacer caso omiso de la doctrina y patrones de adoración en el Antiguo Testamento, entendiendo que se trata de una dispensación ajena a nosotros de la cual tenemos muy poco que copiar. No creo que hagan otra cosa sino menospreciar las Escrituras y olvidar que Dios es el mismo ayer, hoy y por los siglos y que a pesar de que su comportamiento varió en ocasiones especiales, se debió a que el hombre primeramente varió y/o rompió su promesa ante Dios, de modo que el mismo Dios que aprobó en el ayer una adoración con danzas, bombos y platillos, es el mismo Dios que aprueba hoy una adoración similar en circunstancias similares.

En otras palabras, el educador bíblico debe ser equilibrado cuando presente la forma del fondo. Debe ser honesto y trazar "todo el consejo de Dios", librándose de conceptos estereotipados e individualistas para ser más objetivo en su enseñanza y educación a la iglesia.

B) **OBSERVANCIAS**

La Iglesia de Cristo sobre la tierra ha logrado estar de acuerdo en la institución y observación de dos grandes Ordenanzas impuestas por el Señor Jesucristo a Su Iglesia antes de partir de este mundo, a saber, El bautismo (Mat. 28:18-19), y el Partimiento del Pan que comúnmente le llamamos Santa Cena o Comunión (Luc. 22:17-20; I Cor. 11:24-26).

1. **El Bautismo**

Sin duda alguna, el bautismo ha sido elemento característico de la Iglesia de Cristo sobre la Tierra desde que ésta fue fundada años atrás hacia el Pentecostés. No obstante, la Iglesia lo ha practicado de diversas maneras al través de los siglos, dejando entrever de esta manera su concepción propia sobre el bautismo.

A pesar de que existen variadas formas de practicar el bautismo, se destacan dos formas principales de bautismo que teológicamente se las ha llamado: bautismo por *inmersión* y bautismo por *aspersión*.

El bautismo por inmersión halla justificación en el significado original de la palabra en Griego, βαπτιζω ó βαπτισμα que literalmente significa sumersión, zambullir. La mayoría de las iglesias cristiano-evangélicas practican este tipo de bautismo. Algunas iglesias cuentan con su propio bautisterio lo cual permite que toda la congregación presencie el acto de bautismo dentro de su propio templo; otras iglesias se valen de los ríos, lagos o playas, en algunos casos por falta de bautisterio, en otros casos, por entender que el agua debe correr, ya sea con el propósito de arrastrar consigo las impurezas o para simbolizar el agua viva que guarda relación con Jesús, el Agua Viva.

El bautismo por aspersión también es practicado por ciertas iglesias cristiano-evangélicas y protestantes. Consiste en el rociamiento de agua en el cuerpo del bautizando, especialmente desde la coronilla de la cabeza.

Esta diferencia en el estilo de bautizar ha sido un punto controversial entre las iglesias debido a que la mayoría de éstas han concebido el bautismo como una ordenanza vital y crucial para la identificación cabal del creyente con Cristo, tanto así que se ha instituido el bautismo como la puerta de admisión a la membresía de la iglesia local. Esta observación en muchos casos se ha llevado al extremo de denegar el bautismo a muchos creyentes que lo anhelan, sencillamente por entender que no reúnen los requisitos para ser miembros de la iglesia local, especialmente los niños y adolescentes han sido objeto de esta discriminación. De acuerdo a mis estudios bíblicos sobre este particular, hallo que el bautismo es prerrogativa y derecho de todo creyente que lo solicita, así como humildemente lo solicitó Jesús a Juan y como lo pidió el funcionario de Candace la etíope a Felipe (Mat. 3:13-17; Hech. 8:26-38). Muchas veces me pregunto: ¿Es el bautismo mucho más importante que la salvación? ¿Por qué se niega el bautismo a una persona cuando Dios nunca le negaría la salvación la cual es prioritaria?   Si es cierto que el bautismo no es elemento determinante para lograr entrada a la Gloria, sin olvidar que ciertamente es una ordenanza, ¿por qué tanto énfasis en la forma o estilo de bautizar si no tenemos indicios de que será punto de agenda judicial en el βημα de Cristo?

Ciertas denominaciones se distinguen por su práctica de bautismo de infantes (paidobautismo). Entienden que al bautizar al niño, lo presentan y lo encomiendan al Señor y el agua derramada sobre ellos simboliza el lavamiento y limpieza de sus pecados, haciéndoles aptos para entrar y participar del Reino de los cielos. Se asume que el infante, generalmente menor de 3 años de edad, es sinónimo de humildad e ingenuidad, razón por la cual el Señor Jesucristo declara que de los tales es el reino de los cielos (Luc. 18:16). Sin embargo, la mayoría de las denominaciones no incluyen la práctica del bautismo infantil por considerar que el infante o párvulo aún no tiene conciencia del significado y simbolismo del bautismo; aún no logra entender la relación entre la muerte y resurrección de Cristo con la inmersión o la aspersión de sus cuerpitos, por lo que postergan su bautismo hasta que, ya adolescente, tiene la capacidad de decidir por sí mismo, constituyéndose así en su derecho o privilegio. Valga la aclaración aquí que las iglesias Bautistas no llevan su nombre debido a sus prácticas bautismales, sino más bien a sus raíces históricas.

2. **Partimiento del pan**

Otro aspecto litúrgico entre las iglesias cristianas, protestantes y evangélicas lo es la observación de la Santa Cena, Cena del Señor y/o Comunión como se la hace llamar.

Indiscutiblemente esta es la praxis más común entre las iglesias, en el sentido de que prácticamente todas la observan. La diferencia en su observación sólo es marcada en la frecuencia en que ésta es celebrada. Sin embargo, aun ciertas denominaciones creen en el concepto transubstancial ampliamente observado por la iglesia católica, sobre todo. La transubstanciación es el concepto que aduce que en el momento de partir el pan e ingerir el vino, tales elementos se convierten literalmente en el cuerpo y sangre del Señor Jesucristo.

La Cena del Señor es celebrada regular y sistemáticamente por la mayoría de las iglesias. Algunas la observan cada primer domingo del mes, otras, en cada reunión semanal de adoración y alabanza. En todo caso no hay regla específica en las Escrituras para su observación pues sólo enfatiza "todas las veces que la bebiereis" (I Cor. 11:26).

Sin embargo, no son éstas las únicas dos ordenanzas u observancias dirigidas a la Iglesia de Cristo. Muchas iglesias y denominaciones se han distinguido por observar ciertas ordenanzas adicionales que también hallan asidero en las Escrituras.

3. **Lavatorio de Pies**

Consiste esta observancia en una práctica basada en el impactante gesto de humildad de nuestro Señor Jesucristo de asear las extremidades inferiores de sus discípulos, dejando así con ellos una gran lección de simpleza, humildad y sencillez de corazón. A diferencia de la Santa Cena, esta práctica no es sistemática en la mayoría de los casos, sino que se observa ocasional y esporádicamente. Es una de las pocas prácticas que no halla objeción en ningún círculo teológico pues no se presta al juicio ni la controversia. Es prerrogativa de cada iglesia resaltar la humildad entre sus feligreses.

4. **El Velo**

Se trata de la costumbre exclusiva de las mujeres de cubrir su cabellera con un manto o pañuelo en los cultos de oración, adoración y alabanza. Esta práctica obedece al imperativo paulino a los Corintios en su primera epístola enviada, en la que interesantemente resalta 5 razones por las cuales las hermanas en la fe deben mantener esta costumbre. El Apóstol Pablo compara esta práctica con la relación hombre-mujer. Del hombre dice que su pelo le es señal de autoridad de modo que le es deshonroso dejarse crecer el cabello; en cambio le es deshonroso a la mujer cortárselo. La cabellera de la mujer es la distinción, concebida por Dios en la Creación, que la hace diferenciar del hombre; por ende, si el hombre luce con larga cabellera, pierde su distinción como hombre ante la mujer. Entonces el velo es la alternativa para la mujer que decide cortarse la cabellera, ya sea por razones de estética, físicas, de salud o caprichosas. En otras palabras, la orden paulina no deja margen para que la mujer determine si hay alguna razón valedera y/o justificable para no usar velo en caso de que decida cortarse el pelo. "y si le es vergonzoso a la mujer cortarse el cabello o raparse, que se cubra" (I Cor. 11:6b). A la inversa, si no le gusta usar velo, que no se recorte.

Una razón de mucha relevancia que el apóstol menciona es "por causa de los ángeles." ¿Qué ángeles? ¿Qué tienen que ver los ángeles con el velo? Sencillamente que cuando la mujer rehúsa usar el velo, muestra insubordinación tanto a la autoridad divina como a la autoridad del hombre, el cual es cabeza de la mujer (vv. 3,8). Por igual los ángeles en el Cielo están sujetos a la autoridad de Dios; esta sujeción es voluntaria pues sabemos de aquellos que "no guardaron su dignidad (Jud. 6)" desafiando abiertamente la autoridad de Dios. De modo que cuando la mujer decide voluntariamente someterse a Dios y al hombre en términos de correspondencia al imperativo paulino, se constituye en un ejemplo positivo de sumisión para los ángeles quienes ostentan una posición similar. Dicho de otro modo, si las mujeres rehúsan someterse, podrían provocar insubordinación en los ángeles también. ¿Significa esto que existe la posibilidad de que en el presente algunos ángeles se rebelen contra la autoridad de Dios? Si lo hicieron deliberadamente en el pasado y si su sometimiento es voluntario, ¿qué impediría que se repita la historia a no ser o a pesar del control soberano de la Deidad sobre la Creación?

Cuando comparamos esta ordenanza escritural con la situación actual, sin mucha dificultad notaremos que la mujer de hoy, creyente inclusive, gusta mucho del recorte estético y en pocas iglesias y/o denominaciones se le requiere uso de velo a la mujer con recorte estético, entendiendo que tal orden no se aplica en sus casos, pero sobre todo porque no es una práctica integrada a las observancias de la iglesia; en algunos casos por ignorancia, en otros, por razones hermeneuo-exegéticas.

Sin embargo, hay denominaciones que sí se distinguen por esta práctica, como las son las llamadas Asamblea de Hermanos y Templos Bíblicos, entre otros.

Por igual recalcamos aquí que no es ésta una ordenanza básicamente determinante, sino suplementaria, aunque no significa esto de ningún modo que sea opcional.

C) **CONTEXTUALIZACIÓN**

Llamamos contextualización al acto voluntario, concienzudo y progresivo de una sociedad, cuerpo u organización de adaptarse a los medios y circunstancias que le rodean sin violar sus principios fundamentales y sin perder de vista sus propósitos básicos.

No obstante, la contextualización ha de esperarse que sea un proceso largo, paulatino y hasta tedioso en algunos casos, puesto que encierra una serie de adaptaciones, cambios y ajustes en sus etapas que han de estudiarse y discutirse ampliamente con la finalidad de prever todos los efectos y/o consecuencias del cambio. La contextualización es recibida originalmente, ya en el campo eclesiástico, con cierta frigidez y resistencia dado el hecho de que entra en el ámbito de lo novedoso y comúnmente el ser humano muestra temor a lo desconocido o imprevisto. De manera que aquellos que muestran convencimiento respecto a la importancia y necesidad de la contextualización, deben asegurarse que no habrán de atropellar el proceso con imposiciones innecesarias, evitando "encontronazos" con aquellos -casi siempre minoría- que se resisten a los ajustes de lugar.

Me temo que una de las razones por las cuales nuestra adoración muchas veces carece de riqueza e integración es debido a la distancia que hemos reservado entre nuestro sistema propio de adoración y la oferta que representa la adaptación o contextualización a nuestros propios medios y circunstancias. Dicho de otro modo, hemos desprendido nuestras expresiones de adoración del caparazón o concha que da definición a nuestro cuerpo. El caparazón en este caso son los elementos y recursos propios de una sociedad entre los que nuevamente juegan un papel muy importante la cultura, las costumbres, la herencia, la historia, lo autóctono y hasta lo popular en muchos casos. Cosas de las cuales no estamos ajenos; el problema indudablemente ha sido que hemos considerado por años estos recursos como diabólicos, mundanos, incompatibles con la fe y prácticas cristianas y como resultado han brillado por su ausencia en nuestras reuniones y expresiones de adoración. Todavía no hemos logrado comprender que Dios es el autor de nuestro patrimonio sociocultural. Así como definió una preciosa historia para el pueblo de Israel, de la misma manera lo ha hecho para todos los pueblos que hoy constituyen el planeta Tierra, y si hoy el pueblo judeocristiano se distingue y se sigue perfilando como "la niña de los ojos de Dios" se debe a que han echado mano de su patrimonio e identificación propia y la han usado dignamente como su servicio y ofrenda a Jehová, su Mesías Redentor.

Guillermo Taylor en el capítulo 17 del libro ***Refinemos la Perspectiva de la Iglesia*** por Gene Getz, hablando del institucionalismo en la iglesia evangélica latinoamericana condena:

> "…. la valoración desmedida de ideas y formas importadas de culturas muy distintas a la latinoamericana. Ejemplo de estas importaciones cristianas es la música de las iglesias evangélicas, donde la mayoría de la letra y de la música vienen de países y culturas muy diferentes. Otro ejemplo de esta importación es cierto orden del culto, que algunos consideran sacrosanto. Otro ejemplo lo tenemos en la arquitectura de algunas iglesias. El edificio del templo es idéntico a edificios de templos de tal o cual congregación en países anglosajones. Y como esa denominación quiere tener su distintivo muy visible, se demuestra aún en el estilo de construcción de la iglesia."[1]

Y una vez más reitera:

> "Una de las lecciones más claras del Nuevo Testamento es que la iglesia del primer siglo no se aisló de su sociedad. Observamos en el Nuevo Testamento que, culturalmente, el pueblo de Dios adoptó ciertos elementos definidos. Por otro lado, la iglesia toleró ciertas prácticas que no afectaban la doctrina, como también Cristo y sus apóstoles rechazaron ciertas

prácticas que se oponían a la voluntad de Dios y su Palabra. Pero la iglesia no se aisló de su sociedad; más bien existió, creció, y aun floreció inserta en una cultura pagana. Nosotros en la América Latina tenemos que evaluar nuestra propia cultura, apreciándola, utilizando aquellos elementos que ayuden al crecimiento de la iglesia, pero también rechazando los que no son cristianos. La iglesia del siglo XX tiene que ser sensible a su cultura, penetrarla con el evangelio, y crecer en medio de un mundo pagano."[2]

D) INCLUSIÓN DEL ESPÍRITU SANTO

No podríamos concluir el tema de las variadas expresiones de adoración y alabanza en el Cuerpo de Cristo sin antes mencionar el imprescindible papel que juega el Espíritu de Dios en susodicha actividad. El Señor Jesucristo prometió antes de morir, resucitar y ascender a los Cielos que enviaría al παρακλητος quien nos guiaría a toda verdad (Jn. 16:7-15), lo cual garantiza que estaría presente no sólo en nosotros sino también con nosotros, a saber, controlándonos, supervisándonos, dirigiendo nuestros quehaceres lo cual incluye el tiempo que apartamos para adorarle y alabarle, siendo Él miembro íntegro de la Triunidad.

De modo que en nuestra liturgia el Espíritu Santo debe ser el honorífico Invitado Especial y a la vez debe ser el Maestro de Ceremonia.

---

[1] Gene Getz, *Refinemos la Perspectiva de la Iglesia* p. 256

[2] Ibis, p. 260

Si nuestra adoración no es guiada y monitoreada por Él entonces no es otra cosa que un "show" montado por hombres (y mujeres) en busca de su propia gloria y debut malintencionado para hacer gala de sus dotes personales, por un lado e hipnotizar por otro a toda una congregación con un dechado de "vanas palabrerías".

Precisamente en este particular es donde estriba una de mis mayores preocupaciones en torno a la Iglesia de Cristo y su conducta, y me imagino que también es la causa de algunas incógnitas que en algún momento han florecido en las mentes de quienes leen este libro.

He sido invitado en algunos casos, he visitado por mi propia cuenta en otros casos, y en otras ocasiones he participado de servicios dominicales en distintas iglesias de diferentes denominaciones; en algunos casos arrastrado por la curiosidad y en otros casos para hacer una comparación objetiva de las diferencias o coincidencias en la adoración y alabanza y en algunos casos se ha cumplido mi cometido, en otros casos he salido más confundido que lo que estuve antes de dicha experiencia, en este último caso totalmente anonadado ante el desorden, improvisación, desorientación y falta de sentido común en la administración del culto. Entonces surge la pregunta obligada ¿Es posible que sea el Espíritu Santo quien esté guiando este culto? y como consecuencia se erigen otras más: ¿Si todos tenemos el Espíritu de Dios, por qué tolera el Espíritu tantas incongruencias relativas a Su Palabra? ¿Hasta qué punto asume control el Espíritu de Dios en estos programas? ¿Estará realmente presente en estas reuniones? Me viene a la mente rápidamente el bochornoso caso de la iglesia en Corinto, razón por la cual el a-apóstol Pablo en su calidad de comisionado de supervisión eclesial y fundador de dicha congregación, tiene que reprenderles duramente por su conducta desmedida en términos relativos al orden y sentido común en su liturgia (I Cor. 14:23-40). Sin duda alguna el Espíritu Santo estaba presente allí en aquellos momentos, pero lo cierto es que ante una situación escandalosa como la que se puede dar y que de hecho se aprecia en muchas iglesias, se pueden dar dos factores que responden al fenómeno visible en dichas congregaciones: 1) La medida del Espíritu en los presentes es tan precaria que el efecto de Su poder apenas puede mantener su consistencia ante la consabida condición transgresora de la naturaleza humana aún en aquellos que han sido libertados del poder del pecado. La concupiscencia y la depravación se componen para hacerle frente al Espíritu Santo, desafiando Su poder. Todos hemos escuchado la ilustración sobre la batalla que libran el Hombre Viejo y el Hombre Nuevo en los creyentes cual dos caninos que se enfrentan y que habrá de vencer el que mejor alimentado esté. 2) La sugestión sicológica que imponen ciertos individuos sobre las masas, logrando enajenar y desconectar la mente humana de su proceso racional, creando un vacío psíquico que como resultado aliena al individuo y le condiciona para obedecer instrucciones que le llevan a hacer y/o decir cosas que en circunstancias normales se abstendría.

Básicamente uno de estos dos factores es el responsable de que no podamos apreciar claramente la guianza del Espíritu Santo en muchos cultos de adoración y alabanza que irónicamente son dedicados a Él. No podemos hacer otra cosa que condenar tales prácticas gobernadas por pastores, líderes y directores de música en nuestras iglesias que a mi juicio opacan la manifestación ilimitada del Espíritu Santo en nuestros cultos. Tal y como introduje este libro, mi más sincera oración es que el Espíritu una vez por todas, antes de la venida de nuestro Señor, quite toda ignominia y afrenta de Su pueblo para poder adorarle con mayor libertad y conciencia.

MISIÓN

Entendemos por Misión la exclusiva encomienda a la Iglesia, legada por el Misionero de misioneros, de ir y predicar el Evangelio a todo ser humano sobre el planeta (Mar. 16:15; Mat. 28:19-20), y completar la misión bautizándoles y haciéndoles discípulos. Bien se la ha llamado La Gran Comisión pues definitivamente se trata de la mayor tarea que se espera que realicemos mientras conformemos el Cuerpo de Cristo. Toda iglesia de Cristo a través del discurrir eclesial histórico y actual debe considerarse misionera en virtud de su llamado por excelencia a pregonar y esparcir el Reino de los Cielos.

El término "misión" *per se* no se encuentra en la Biblia, pero se desprende de la insoslayable y apremiante necesidad de cumplir la encomienda de anunciar por doquier, a diestra y siniestra, las buenas noticias de salvación que brinda el Hijo, Jesucristo (I Cor. 9:16-18). Es una misión porque hemos sido enviados personalmente por el Magno Agente y quien espera, como es el caso en toda misión, que le rindamos un reporte de los resultados de nuestra gestión. De manera que, en ese sentido, todos debemos considerarnos misioneros de Cristo. Otros han asociado esta comisión con la de un embajador diplomático que tiene por deber representar dignamente a su país ante extranjeros que nada o poco conocen sobre el país cuyo embajador representa.

Tan definida es esta misión que efectivamente muchas iglesias y denominaciones han adoptado el término como identificación propia como las iglesias: Alianza Cristiana y Misionera, Iglesia Evangélica Misionera, Iglesia Bautista Misionera, Iglesia Bíblica Misionera, Iglesia de la Gran Comisión, etc.

Ahora bien, las preguntas que se levantan casi automáticamente son: ¿están todas nuestras iglesias involucradas en las misiones? ¿Son todas realmente misioneras? ¿Qué las define como misioneras? En este punto debemos llegar al claro convencimiento de que Las Misiones se convierten en un aspecto integral de la Iglesia de Cristo sobre la tierra.

Es francamente una lástima que las iglesias de hoy día se hayan rezagado en su obligación de cumplir con la misión. Ya no existe el mismo ímpetu y fervor que nos dejaron como ejemplo los grandes misioneros de los últimos siglos como los fueron Charles Finley, Jonathan Edwards, David Brainerd, Guillermo Carey (1761-1834), Adoniram Judson (1788-1850), entre otros, a quien bien podríamos considerar Padres de las Misiones. Hoy en día el término "misionero" es aún desvalorizado y tenido al menos cuando hasta preferimos que, en cambio, nos llamen "pastores" pues éste último nos suena con mayor dignidad y lo que es mucho peor aun, es la falta de reconocimiento, respeto y apoyo por los que se dedican a las misiones, que deciden desprenderse de sus familiares, comodidades, intereses, cultura y círculo social para acatar la orden de no sólo ser testigos en Jerusalén, Judea, sino también en Samaria y hasta lo último de la tierra. Es muy común apreciar la dejadez y desinterés en nuestros miembros de al menos sentir curiosidad y lanzarse a la aventura en pro a las misiones, y la mayoría de las veces debido a la falta de visión y promoción de los propios dirigentes de nuestras iglesias que no muestran la mínima carga por este menester. Preferimos permanecer en nuestra "Jerusalén" y levantar tienda de campaña como todo buen sedentario aduciendo que todavía hay mucho que cubrir en nuestros lares y arguyendo que hay que atender "a los de la casa primero". ¡Cuánta falta de equilibrio bíblico y doctrinal!

Sin embargo, para ser justos, no podríamos concluir este capítulo sin antes denunciar que muchos misioneros por vocación e imposición de manos han abusado deliberadamente de su función, al tomar el ministerio como una oportunidad de sacarle el máximo provecho a "la aventura" y muchas veces escuchamos críticas y quejas del mal uso de su tiempo, que es tiempo del Señor, y derroche del dinero, que es dinero del Señor y resultado del "sudor" de la iglesia, para asegurarse de vivir en "vacaciones permanentes". Otros prefieren rentar mansiones que les hagan sentir distinguidos y/o codearse con la clase pudiente, distanciándose así de la clase con la cual están trabajando en la mayoría de los casos. Esta actitud irresponsable es también la que ha llevado a muchos de nuestros jóvenes a dos extremas actitudes: desencantarse por completo de incursionar en las filas de las misiones para evitarse el remordimiento de ser tildados de "vive bien" o por el contrario entender y expresar a modo de chanza, pero con sus razones, de que se trata de un negocio rentable, al cual vale la pena dedicarse, porque después de todo ¿a quién no le gusta vivir bien, cogiéndolo suave? ¡Qué vergonzante resulta ser que sea éste el clamor de nuestros jóvenes, porque cuánto daño hace a la obra del Señor estos abusos de privilegio! Por otro lado, otro resultado que provoca esta actitud es la de inconformidad en la(s) iglesia(s) que les sostienen, al punto de reducir su aportación y presupuesto misionero tanto para el beneficiado como para los candidatos en lista, forzando a que muchos tengan que abandonar el campo misionero por falta de sostén o que sencillamente malogren su pasión por las almas. Esta realidad me lleva a ofrecerle una lista al lector de ventajas y desventajas de las misiones y/o del misionero.

<u>VENTAJAS</u>:

1) Acata el llamado bíblico de sembrar la semilla del Evangelio en otros contornos.

2) Estimula a los miembros de las iglesias a involucrarse personalmente en las misiones, ya sea al través de la oración, aporte económico o disposición personal.

3) Estimula a la congregación a ofrendar e insistir en un presupuesto misionero propio de la iglesia.

4) Crea el camino para el interés en el candidato de procurar una preparación bíblica académica previa a su dedicación.

5) Define a la iglesia como misionera en su propósito de hacer lo que está a su alcance para alcanzar a otras naciones para Cristo.

<u>DESVENTAJAS</u>:

1) Puede degenerar en un simple deseo de aventurar más que el de alcanzar a otros.

2) Desconecta parcialmente al enviado de la "matriz" del Cuerpo.

3) Frecuentemente los frutos no pueden ser "cosechados" por abandono del campo misionero o ausencia temporal del misionero en su deber u obligación impuesta de "reportarse" cada cierto tiempo a los "cuarteles generales".

SUEÑOS, VISIONES Y REVELACIONES

Próximo tema a abordar perteneciente a la cultura y andar cristianos. De controversial naturaleza similarmente al ya cubierto don de lenguas, sólo que más usual y complicado. No creo que haya un cristiano evangélico que en algún momento no haya tenido un sueño "revelatorio" en el que claramente haya escuchado la voz de Dios (o de algún ángel) hablándole o comunicándole algún suceso. Creo que es parte de contar con un alma y espíritu dentro de nosotros que nos conecta con el Creador quien tiene cuidado de cada uno de nosotros en particular. La Biblia, por otro lado, nos ofrece decenas de casos en los que los sueños jugaron un papel relevante en las vidas de aquellos que por causa de ello influyeron en el discurrir de los tiempos como los fueron Jacob, José, Daniel, Jeremías, Ezequiel, Pedro y Juan, entre otros. ¿Por qué entonces aseveramos que el tema es un tanto controversial? Sencillamente porque el pueblo cristiano de generaciones subsiguientes hasta el día de hoy ha abusado y hasta malinterpretado los sueños de los que son recipientes al punto en que muchos lo han tomado como su misión asignada, como su don. Otros se han dedicado a la "dura tarea" de dormir como su actividad diaria principal para vivir en contacto continuo con Dios y reconocerse emisarios oficiales de los mensajes de Dios para Su Pueblo. Esta actividad se torna controversial cuando estos hermanos comienzan a comunicar lo que el Señor les dijo y que resulta en todo lo contrario o contradictorio a lo que el mismo Señor le dijo a otro hermano, dejando a Dios mal parado como Agente pusilánime, ambivalente o de doble palabra. ¿Dónde estriba el error? ¿En Dios o en los hermanos mal orientados que en su carne dormitan y deambulan? Por otro lado, en muchos casos tales sueños contradicen lo que La Escritura ya ha establecido como inspirado y por supuesto no ha de esperarse que se hará caso omiso a lo que la Palabra establece para aceptar y obedecer al mensaje proveniente del sueño; en otras palabras, no es sabio "dejar camino real por vereda."

Por otro lado, es importante tomar en cuenta los resultados de los estudios, investigaciones y análisis llevados a cabo por los profesionales en el área, a saber, los psicólogos y psiquiatras, que demuestran que la mayoría de los sueños son producto de nuestra imaginación. Muy profundo en nuestra memoria yace lo que llamamos subconsciente que recrea experiencias pasadas, vivencias, delirios, anhelos o "sueños" frustrados o no alcanzados, que emerge o se activa cuando dormimos y de lo cual escasamente tenemos control. En la mayoría de los casos nos confunde y de repente nos hace creer que vivimos una realidad virtual. No es menos cierto que se han llevado a cabo en universidades e instituciones científicas muchos estudios e investigaciones sobre los efectos del dormir y aún se sigue investigando sin llegar a una conclusión precisa sobre este fenómeno. Por ello no tengo la menor duda de que indiscutiblemente Dios también se comunica con nuestra alma y espíritu valiéndose de este vehículo de trance que Él mismo ha integrado en nuestro ser al crearnos, así como lo hace al través de la oración y la meditación. Lo que ciertísimamente Dios nunca hará es contradecir Su Palabra. En lo particular confieso que soy bastante torpe para recordar o recrear sueños. Me cuesta describir la "película virtual". Sin embargo, también es cierto que mis mejores ideas, creatividad y soluciones a conflictos y encrucijadas han provenido de mis sueños. El peligro de confiar o de certificar los sueños viene cuando vamos a los detalles y apasionadamente comunicamos fecha, hora, lugar y modo en que aseguramos que Dios se ha de manifestar y alertarnos sobre algo en particular, convirtiéndonos así en expertos y especialistas en presagios y vaticinadores del futuro, lo cual es totalmente contraproducente según Las Escrituras. Me confieso harto escéptico cuando se trata de aceptar detalles en un sueño como algunos se han tomado la libertad de traerme "mensaje de parte del Señor" ordenándome que "haga, vire y torne" o señalándome mi condición o ánimo actual, por lo general nunca acertado. Muchas veces anhelo señal de lo Alto en la que un hermano logre acertar y revelar mis debilidades y pecados frente a la congregación para lograr espantarme y confirmar "espíritu de adivinación" en el creyente. Hasta ahora no he sido afortunado.

El Señor advierte a los profetas soñadores en Jeremías 23:25-40; 14:14-16; 27:9 y 29:8-9 que hacen creer al pueblo que su sueño proviene de Dios, que les castigará al igual que al pueblo que les cree sus sueños. ¡Tamaño responsabilidad la del pueblo!

En la misma secuela recaen las visiones. Aunque pareciera que estamos hablando de la misma cosa, no es así necesariamente. Una cosa son los sueños corrientes y propios de la naturaleza humana y otra cosa son las visiones de carácter especial que Dios en un momento dado entrega en exclusivo a alguno de sus fieles con un propósito muy particular como siempre se mostró en Las Escrituras. De hecho, no tenemos muchos casos en Las Escrituras de visiones. Dos de los profetas asociados con la mayor frecuencia en este tipo de fenómenos los fueron Ezequiel y Daniel. Los demás son casos aislados y poco repetitivos como fueron los casos en Isaías, Pedro y Juan. Todo ello, añadido a un estudio "visionario" de Las Escrituras, nos conducirán a la conclusión de que las visiones al igual que las revelaciones no llevan la intención de ser parte del menú cristiano contemporáneo. En otras palabras, una vez Dios cerró el canon de Las Escrituras, no continúa revelando nuevas verdades hoy. Millones de creyentes comparten conmigo que todo lo que Dios quiso y necesitaba revelarnos lo plasmó en las páginas que hoy identificamos como Biblia y que no le da a ningún mortal el privilegio de ser la excepción a la regla. Todo lo que el cristiano necesita saber y conocer tanto del ayer como del presente y futuro, ya está establecido o predicho en Las Escrituras. En otras palabras, es incorrecto hablar de profetas y apóstoles hoy. Todo el que se hace llamar profeta o apóstol hoy, no hace otra cosa que usurpar el oficio que no le corresponde y el resultado visible es la confusión y la desorientación en el pueblo de Dios. Éste se valía de profetas, videntes, ángeles y apóstoles para revelar su verdad a Su Pueblo vía visiones, sueños y revelaciones, y sería paradójico que se niegue a sí mismo abriendo nuevamente esa posibilidad y brecha a la vez, dando paso así a un tercer canon o revelación suplementaria después que cerró con broche de oro su última revelación por vía al apóstol Juan, quien a su vez advierte que el que añada o quite a la revelación dada en su libro, sufrirá las plagas descritas en el mismo y raerá su nombre del libro de la vida (Apoc. 22:18-19).

Muchos círculos cristianos que reconocemos como expresiones de la Iglesia de Cristo sobre la Tierra, se hayan muy confundidos respecto a estos elementos. Por experiencia propia lo que he logrado comprobar en muchos casos es que se comete el error de intercambiar los términos y usamos el término "revelación" cuando en cambio deberíamos hablar de iluminación. El Espíritu Santo sigue iluminando hoy; no así en cuanto a lo revelado (*"Las cosas secretas pertenecen a Jehová nuestro Dios; mas las reveladas son para nosotros y para nuestros hijos para siempre..."* Deut. 29:29)

DONES EXCEPCIONALES DEL ESPÍRITU SANTO

No pretenderemos ofrecer aquí un estudio bíblico sobre los dones del Espíritu Santo, sino más bien señalar aquellos que entendemos como excepcionales debido a la exclusividad con que se manejan, así como demostrar bíblicamente el por qué son exclusivos.

Estos dones excepcionales del Espíritu Santo deben ser entendidos como de uso especial y particular en aquellos a quienes Dios los da con un propósito determinado, bajo circunstancias especiales y para una ministración especial. Me refiero a los dones de *sanidad, de lenguas, de interpretación de lenguas y de discernimiento de espíritus.*

Me preocupa sobremanera el mal uso y abuso de estos dones en la Iglesia contemporánea puesto que éstos han pasado a ser el "conejillo de Indias" o "el talón de Aquiles" del que se valen muchos individuos en nuestras iglesias para lograr su malsano cometido, a saber, ofrecer un espectáculo centrado en sus personas en el que toda la atención, reconocimiento y gloria recaiga sobre ellos, en el que el inocente e ingenuo público presente quede anonadado ante su gran actuación que no será otra cosa que un "teatro" montado simulando el genuino poder del Espíritu Santo en sus vidas, cuando realmente el Espíritu nada tiene que ver con ello. Lo peor del caso es que la mayoría de estos *"showmen"* creen ciegamente que lo que hacen viene del Espíritu. Otros, por igual, se atribuyen el poder del Espíritu Santo personificado cuando hacen pasar al frente a la cautiva y sugestionada audiencia, presa de asombro y buena voluntad, para "transmitir-les" ese poder, o sencillamente para llevar el espectáculo a su punto de ebullición y arrebato, derribando al suelo a aquellos que humildemente no se resisten al procedimiento, consistente en tirar de sus cabezas hacia atrás, generalmente asegurándose que un hermano de buena fe parado detrás de la víctima, se asegure de que no se dará un mal golpe al caer. ¡Y pensar que tantos ingenuos hermanos se prestan inocentemente para ello, creyendo que se trata del poder del Espíritu!

Pero esto es sólo parte de la preocupación. Si decidiera denunciar en estas páginas las cosas que han visto mis ojos en varias iglesias de las que no tengo la menor duda que son iglesias de Cristo, y sus pastores verdaderos ministros del Altísimo, espacio faltaría y náuseas me provocaría dar ejemplos de lo que considero es abominación e ignominia al Espíritu Santo por las "barbaridades" y atropellos de tales victimarios. Cada vez que tengo que presenciar situaciones como éstas, no me queda otro remedio que exclamar y rogar a Dios que tenga misericordia de Su Pueblo y que regrese lo antes posible a rescatar a Su Iglesia, no sea que si tarda la halle totalmente desorientada, confundida y engañada, por un lado, y sin fe por otro lado.

POLÍTICA ADMINISTRATIVA

Así como toda institución sobre el planeta cuenta con reglamentos internos y directrices establecidas sobre su *modus operandi,* asimismo la Iglesia de Cristo en sus distintas manifestaciones se rige de prácticas y reglas estatutarias que facilitan el mejor desenvolvimiento de ese organismo que llamamos Iglesia.

Cada iglesia o denominación delinea su propia política administrativa, la cual le da un toque de distinción en comparación a las demás de su propio género, inclusive. La organización interna de las iglesias deja entrever el tipo de política administrativa de la cual se rigen. Ejemplo de ello lo tenemos en su estilo de gobierno. Algunas iglesias se gobiernan por cuerpos administrativos llamados Juntas, ya sea pastoral, de síndicos, de diáconos, de ancianos o del conjunto de éstos. Otras son gobernadas por un cuerpo pastoral en el que todos sus miembros son considerados sobreveedores de la grey en igualdad de condiciones, a pesar de que desarrollan distintas funciones y responsabilidades. Otras sólo son gobernadas o dirigidas por un líder reconocido como pastor o anciano. En la mayoría de éstas también existen sub-juntas o comités que conforman el equipo administrativo de la iglesia. Todo esto nos hace referencia a la política administrativa de las iglesias.

CONSTITUCIÓN & REGLAS PARLAMENTARIAS

Otro de los elementos característicos de las iglesias, denominaciones y concilios eclesiásticos es el documento interno conocido como Constitución o Estatutos. No es otra cosa que el registro de procedimientos, reglas, parámetros, directrices y/o código de ética en la observación de conducta de la entidad en cuestión. Así como toda organización cuenta con sus propios procedimientos administrativos para poder funcionar efectivamente y de acuerdo a los requerimientos gubernamentales, del mismo modo la iglesia, por reconocerse como institución sin fines de lucro en la mayoría de los países donde se respeta la libertad de culto, le es saludable contar con un documento de esta naturaleza.

Cada constitución varía virtualmente de caso en caso, es decir de institución a institución. Cada iglesia o confraternidad cristiana define su quehacer y observación de normas de acuerdo a su idiosincrasia, costumbres y estilos, aunque se supone que todo ello estrictamente reñido al documento por excelencia que identifica a la iglesia, a saber, Las Sagradas Escrituras, de lo contrario no sería otra cosa que mandamientos y reglas de hombres comparado con "metal que resuena y címbalo que retiñe".

En la Constitución Eclesiástica se incluyen artículos y párrafos referentes a los diferentes ministerios, departamentos, patrimonio, definición y requisitos de membresía, convocatorias y sistema de liderazgo u organización de mando en la cual se espera que todo miembro convenga en firmar, respetar, participar u observar. En numerosos casos se entrega una copia del documento a cada miembro o cabeza de familia para estudiar y conservar.

Me tomo la libertad aquí para comentar que tristemente muchas iglesias han llevado la Constitución a un sitial por encima de la misma Palabra de Dios, en la que a sabiendas o inadvertidamente han exigido más apego y sometimiento a ella que a lo que ya ha sido establecido por Dios. He sabido de iglesias que han clavado en la tabla de edictos del templo, cual las 95 tesis de Martín Lutero en la puerta de la capilla en Guttemberg, una larga lista de prohibiciones, reglas disciplinarias y restricciones, exigiendo a la congregación el apego irrestricto a la tal, que da la impresión que es una competencia con los 603 mandamientos extras que también las autoridades judías impusieron sobre el pueblo en los tiempos bíblicos.

La iglesia y sus máximos representantes deben recordar que Las Sagradas Escrituras deben ser la única regla de fe y práctica para los creyentes y que en la mayoría de los casos, pretender añadir a lo que está escrito no es más que redundar o adulterar la Palabra de Dios. En este sentido, la Constitución o Estatutos de la iglesia no deben suplantar la Biblia y sólo ser un documento de consulta y procedimiento en el quehacer eclesial.

Así como toda institución sobre el planeta cuenta con reglamentos internos y directrices establecidas sobre su *modus operandi,* asimismo la Iglesia de Cristo en sus distintas manifestaciones se rige de prácticas y reglas estatutarias que facilitan el mejor desenvolvimiento de ese organismo que llamamos Iglesia.

Cada iglesia o denominación delinea su propia política administrativa, la cual le da un toque de distinción en comparación a las demás de su propio género, inclusive. La organización interna de las iglesias deja entrever el tipo de política administrativa de la cual se rigen. Ejemplo de ello lo tenemos en su estilo de gobierno. Algunas iglesias se gobiernan por cuerpos administrativos llamados Juntas, ya sea pastoral, de síndicos, de diáconos, de ancianos o del conjunto de éstos. Otras son gobernadas por un cuerpo pastoral en el que todos sus miembros son considerados sobreveedores de la grey en igualdad de condiciones, a pesar de que desarrollan distintas funciones y responsabilidades. Otras sólo son gobernadas o dirigidas por un líder reconocido como pastor o anciano. En la mayoría de éstas también existen subjuntas o comités que conforman el equipo administrativo de la iglesia. Todo esto nos hace referencia a la política administrativa de las iglesias.

A pesar de que el Nuevo Testamento nos ofrece un modelo organizativo eclesial como lo notamos en la llamada Iglesia Primitiva donde los apóstoles recibieron la querella sobre las viudas que eran desatendidas por lo que procedieron a sugerir la administración diaconal, es prerrogativa de cada iglesia, de acuerdo a sus necesidades y preferencias, escoger e implementar el modelo que entiendan mejor se ajusta a su realidad. En otras palabras, el título o nombre del oficio en particular no es inspirado y no necesariamente tiene toda iglesia que asumir o copiar al pie de la letra la designación. De modo que unos les llamarán diáconos y ancianos mientras que otros los llamarán ujieres, laicos, líderes, superintendentes o de alguna otra manera.

MINISTERIOS INTERNOS & EXTERNOS

Una de las características más sobresalientes y que más destacan a la Iglesia de Cristo sobre la Tierra son sus ministerios. Se los llama ministerios a todas aquellas actividades que envuelven algún tipo de servicio tanto a favor de la feligresía como también en beneficio de la comunidad o sociedad en general. Estos ministerios son administrados y ejecutados en la mayoría de los casos por los propios miembros que voluntariamente se prestan para dichos servicios y por lo cual no reciben pago o salario. Entre los ministerios internos más reconocidos en las iglesias incluimos los ministerios de primer orden como los son: Ancianales, Diaconales, Evangelismo, Educación Cristiana, Oración, etc., y ministerios de segundo orden como los son: Sociedad de Damas, Caballeros, Jóvenes, Club de Parejas, Ministerios Infantiles, Ministerio Musical, Ministerio de Dramas, Poesías Coreadas, etc. Llamamos, por igual, ministerios externos a todos aquellos orientados al servicio a la sociedad como los son los grupos evangelísticos, equipos destinados al servicio social que se ocupan de las obras de caridad y benevolencia, ministerios deportivos, talleres de manualidades y servicios especializados, clínicas, consultorios, dispensarios, etc. Estos principalmente no son otra cosa que estrategias implementadas con la finalidad de alcanzar a otros mientras que a su vez se les ofrece "panes y peces". Entiendo que es el corazón de la Iglesia vertido en favor de los que la rodean. No hay manera más contundente y convincente de cumplir con la Gran Comisión legada por Jesús que ésta, en la que la Iglesia se activa y usa su creatividad para lograr allegarse a la comunidad y demostrar así que le importa y que está dispuesta a invertir con tal de mostrarse amiga e integrada al desarrollo de la sociedad, aportando así su "grano de arena" en la construcción de una mejor sociedad que termine equipada integralmente incluyendo lo espiritual.

A medida que la Iglesia se ha ido adentrando al tercer milenio de la era de Cristo, ha ido revisando también sus estrategias y modos de alcanzar más efectivamente a la sociedad y por ello se han proliferado esta gran variedad de actividades que, como ha de esperarse, también han sido objeto de crítica y han erigido una serie de cuestionamientos sobre la porción de presupuesto que destina la iglesia para estas actividades, el tiempo que se invierte y los resultados que se pueden apreciar o que llegan a ser visibles. Estas críticas provienen de distintos medios incluyendo un sector de la misma iglesia local que discrepa o se confiesa disgustado con "la nueva ola modernista que abruma a la iglesia". En lo particular, tal y como señalaba respecto a las políticas administrativas de las iglesias, entiendo que es una prerrogativa propia de cada iglesia, la cual debe tener el derecho o libertad de trazar su proceder en estos asuntos.

Concluyo que no hay mejor manera, reitero, en que la iglesia se muestre iglesia que no sea al través de su acción orgánica. En la revelación dada al Apóstol Juan grabada en el Apocalipsis, en la que el Señor dirige mensaje a las 7 iglesias, notaremos que el Señor elogia a aquellas iglesias que se ocuparon de sus obras: "Yo co-

nozco tus obras..." La iglesia está llamada a obrar diligentemente tanto a favor de los suyos como de los que
necesitan ser alcanzados al través de su testimonio y
ejemplo.

FILOSOFÍAS & TRADICIONES

No podríamos concluir esta obra sin referirnos al papel que juegan las tradiciones y las variadas filosofías en la Iglesia de Cristo contemporánea. Así como observamos los diversos estilos e idiosincrasia de cada cofradía en particular, del mismo modo podemos apreciar las distintas filosofías y tradiciones que acentúan a las iglesias en general. Estas filosofías comprenden desde el *modus operandi* hasta la misma forma de pensar y concebir las cosas tanto en sus representantes como en sus feligreses. Hemos escuchado el dicho *"cada cabeza es un mundo"* y no es menos cierto cuando de administración eclesiástica se trata. Cada persona tiene una forma muy particular de pensar y de ver las cosas, y las ideas, proposiciones, implementaciones, planes y proyectos de un determinado individuo o gremio, reflejan lo que aquí queremos llamar filosofía. Originalmente la palabra filosofía proviene de dos vocablos griegos, φιλεος y σοφιας, que literalmente traduciría "amor a la sabiduría" aunque para nuestros intereses describiríamos como modo de pensar, lo cual está estrechamente relacionado a la sabiduría.

El punto clave en todo esto es que siempre y cuando la filosofía particular o colectiva hallada en la Iglesia de Cristo no esté en yuxtaposición con la "filosofía bíblica", es decir, el mensaje de Dios y la mente de Dios vaciada en las páginas de Las Escrituras, no debemos reparar en respetar, al menos, las convicciones personales y colectivas de cada iglesia local.

Por otro lado, tenemos las tradiciones de lo cual advertimos que hay "mucha tela que cortar". De hecho, al final de la sección ofreceremos un bloque de ventajas y desventajas de las tradiciones en nuestras iglesias.

Las tradiciones son parte integral de lo que éramos, nuestra historia, de lo que somos, nuestro presente, y aún de lo que inevitablemente seremos en términos de la marca que las tradiciones dejan plegada indeleblemente en nosotros. Así como cada cultura se define de acuerdo a su patrimonio y herencia traspasada de sus miembros originales que en el pasado marcaron el camino a seguir y dejaron huellas que hoy conservamos, respetamos y hasta veneramos como símbolo, ejemplo y legado permanentes a futuras generaciones, del mismo modo la Iglesia refleja y no está ajena a esta corriente, lo cual también contribuye a su definición.

Interesante es el hecho de que hoy contamos con iglesias plagadas de tradiciones, asiduas y fieles conservadoras de las tales, al igual que iglesias que han declarado la guerra a las "fastidiosas y amenazantes tradiciones" como las llamarían. Las unas toman en serio y muy literalmente el sabio consejo salomónico en Proverbios "No traspases los linderos antiguos que pusieron tus padres" (Prov. 22:28), mientras que otras toman del mismo modo el no menos sabio consejo paulino "Renovaos en el espíritu de vuestra mente" (Ef. 4:23). Por supuesto, nuestra intención al escribir este libro es invitar a la más sabia búsqueda del equilibrio que abarcaremos más ampliamente en nuestro capítulo de cierre. En otras palabras, aunque se trata de consejos sabios e inspirados por el Espíritu Santo, cada cual debe ser aplicado en su debido contexto y ambiente, trazando la adecuada hermenéutica como para evitar los extremos no deseados.

Cierto es que no querremos ser presa de las tradiciones como para que no nos dejen avanzar y minimicen nuestra visión de la carrera que tenemos por delante, pero también es justo y sabio emular las cosas positivas y provechosas que pueden enriquecer nuestro quehacer y perspectiva presente y futura. Dicho de otro modo, rechazar de plano las valiosas tradiciones, nos expone a una intemperie indefinida o modernista que amenaza la conservación de las buenas costumbres.

A continuación describimos las ventajas y desventajas de las tradiciones eclesiásticas:

A. VENTAJAS

1) Nos identifican con lo original y autóctono, dando debido reconocimiento a los que trillaron el camino para que lográramos alcanzar lo que hoy somos.

2) Previenen la improvisación e indefinición en nuestros programas, actividades, planes, proyectos y líneas de pensamiento.

3) Contribuyen al enriquecimiento de nuestros valores y posesiones tanto abstractas como tangibles.

4) Refrenan la tendencia al deslizamiento hacia lo extremo y exagerado.

5) Marcan la pauta a seguir o rechazar para futuras generaciones.

6) Suministran orientación y reflexión sobre la historia y quehacer de nuestros antepasados que repercuten en el nuestro.

B. <u>DESVENTAJAS</u>

1) Ponen "camisa de fuerza" a las iglesias, deteniendo su trayectoria hacia lo novedoso y renovado.

2) Estancan la visión eclesial hacia los próximos peldaños a escalar en su propósito de alcanzar los diversos sectores contemporáneos.

3) Crean conflictos e impases innecesarios entre los diversos ministerios internos y externos de la iglesia.

4) Ahuyentan la creatividad y renovación competente ante los tiempos desafiantes que nos han tocado vivir.

5) Detienen la marcha galopante de la innovación y puente de lo conocido a lo desconocido.

¡Sea Ud. el jurado!

NEGOCIOS

Sí, es inevitable hablar de negocios en la casa de Dios. A pesar de que muchos de nosotros preferimos o hemos preferido no tocar o evadir este tema por entender que es muy comprometedor o que toca sensiblemente el delicado aspecto personal, privado y aún ministerial, en el caso de los pastores y ancianos, es necesario abordarlo pues no es posible administrar ninguna institución incluyendo la iglesia, sin cubrir a fondo el aspecto económico. Cierto es que el tema se presta al evalúo que raya en lo ético, pero no significa, por ello, que tengamos que soslayarlo.

Jesucristo no reparó en hablar de negocios y de economía. Evidencia tenemos de que, de hecho, dos terceras partes de las parábolas compartidas por Jesús de algún modo involucraban, incluían o se referían al dinero y su mayordomía. En la mayoría de ellas procurando enseñarnos una lección que muchos de nosotros aún no logramos comprender como aquella en que sugiere *"Ganar amigos por medio de las riquezas injustas, para que cuando éstas falten, os reciban en las moradas eternas"* (Lucas 16:9). ¿Se sorprendería si le dijera que el tema de la mayordomía ocupa el segundo lugar en relevancia en toda la Biblia? Así es. Desde Génesis hasta el Apocalipsis nos topamos con cientos de casos donde el dinero y su manejo jugaron un papel determinante en las vidas tanto del pueblo hebreo como de personajes e instituciones veterotestamentarios. Dos casos que llaman mi atención y curiosidad los fueron cuando el Señor Jesús responde *"Dad, pues, a César lo que es de César, y a Dios lo que es de Dios"* (Mat. 22:21) implicado entre otras cosas que es justo pagar nuestros impuestos y por otro lado cuando ordenó a Pedro que se dirigiera al mar y extrajera la moneda de un pez que luego sería destinada al pago de impuestos (Mat. 17:27). También le dijo al joven rico, *"anda, vende lo que tienes, y dalo a los pobres, y tendrás tesoro en el cielo"* (Mat. 19:21). Sin duda alguna Jesús manejó magistralmente lo monetario y no titubeó en abordarlo.

Encuentro que uno de los temas, no obstante, menos cubiertos en los púlpitos eclesiásticos es el del manejo de las finanzas, salvo casos aislados donde es lo único de lo que se predica. Por ello los miembros padecen de desorientación en este aspecto y ya conocemos las consecuencias que acarrea. Muchos ministros predicadores se sienten incómodos cubriendo el tema por temor a ser malinterpretados y que no se termine diciendo que están indirectamente buscando provecho y ventaja en ello, pero independientemente de esto, debemos alcanzar el ideal paulino cuando dijo: *"no he rehuido anunciaros todo el consejo de Dios"* (Hech. 20:27).

Cuando empleamos el término negocios respecto a la Iglesia de Cristo, nos referimos a los aspectos tanto internos como externos que involucran la circulación de "plata". En cuando al manejo interno, la mayoría de las iglesias cuentan con un departamento o comité de finanzas que se ocupa de llevar un presupuesto de salidas y entradas y de alertar a sus representantes y feligresía de los déficits o superávits. La mayoría de las iglesias observa lo que llaman Reuniones Extraordinarias o de Negocios donde se les reporta a los miembros de las mismas cada cierto tiempo, cuando no, una o dos veces al año, el estado financiero, necesidades y proyectos del año fiscal, entre otros aspectos administrativos y espirituales. Sin embargo, es mayormente en el aspecto externo donde encontramos la gran distinción y variedad en el Cuerpo de Cristo. Los concilios y denominaciones que amparan un conglomerado de iglesias, observan una política financiera más compleja, intrépida, definida y global donde los proyectos y ministerios tienen la prioridad en cuanto al destino de sus fondos e inversiones. Estas iglesias reciben beneficios y apoyo de los concilios que las amparan y por lo general se las ve más involucradas y más sometidas en este particular. Una de las áreas en las que estas iglesias se las nota a la vanguardia es en las inversiones en proyectos y negocios que devengan algún tipo de beneficio, ya sea dividendos por concepto de renta o intereses bancarios. Muchas denominaciones e iglesias cuentan con instalaciones colegiales, académicas, técnico-laborales, recreacionales, veraniegas, deportivas o conferenciales, de las cuales reciben ganancias (en algunos casos, pérdidas) y que las colocan en un sitial de respeto y reconocimiento en sus respectivas comunidades o sociedades, aunque también paradójicamente algunas han sido objeto de crítica y denuncia, ya sea por malversación de fondos o por administración incompetente e incapaz de llevar los libros de manera diáfana y de acuerdo a los requisitos sindicales, estatales o gubernamentales.

En este respecto, pienso que la Iglesia de Cristo, en sentido general, no ha sabido aprovechar al máximo las oportunidades que se le han presentado respecto a inversiones de capital y adquisición de muebles e inmuebles. Esta se ha mostrado ingenua, ignorante, indecisa o rezagada en la capitalización de su potencial y recursos para alcanzar otros peldaños e incluso influencia marcada en la sociedad que la rodea. Muchas han asumido esta actitud debido a su filosofía e interpretación de textos como: *"Ninguno que milita se enreda en los negocios de la vida"* (II Tim. 2:4a), pero un estudio cuidadoso del pasaje y de otros afines nos llevan a la conclusión de que estas advertencias no inciden ni entran en conflicto con las tantas ilustraciones que el Señor Jesús compartió sobre mayordomía y finanzas como las fueron las parábolas de los talentos y magistrales textos como: *"Porque ¿quién de vosotros, queriendo edificar una torre, no se sienta primero y calcula los gastos, a ver si tiene lo que necesita para acabarla? No sea que después que haya puesto el cimiento, y no pueda acabarla, todos los que lo vean comiencen a hacer burla de él, diciendo: Este hombre comenzó a edificar, y no pudo acabar. ¿O qué rey, al marchar a la guerra contra otro rey, no se sienta primero y considera si puede hacer frente con diez mil al que viene contra él con veinte mil?"* (Luc. 14:28-31).

Aunque Cristo enfoca este planteamiento en virtud a la renuncia a posesiones, más que a la adquisición de ellas, según el contexto, con todo ello, quiere darnos una lección sobre buena administración y planeamiento, y la iglesia no está exenta de ello.

A mi modo de ver las cosas, y en vista a los tiempos actuales en los que vivimos, tiempos en los que los modernos conceptos económicos invitan a la consolidación, globalización, reactivación, replanteamiento, ofensiva, intrepidez e ingenio en el manejo e inversión del dinero, la Iglesia de Cristo no debe mantenerse a la retaguardia, sino más bien aceptar el reto a sobresalir en todos los aspectos en los que ha sido llamada y así cumplir efectivamente, con los recursos disponibles y las herramientas apropiadas, el mandato de sojuzgar la Tierra en su plenitud.

VOCACIÓN MINISTERIAL

Hasta ahora hemos cubierto la mayoría de los aspectos que tienen que ver con la Iglesia de Cristo, pero aún no hemos finalizado. Tributo y crédito merece el aspecto ministerial desde la perspectiva vocacional, pues indiscutiblemente la Iglesia de Cristo tiene una deuda con estos hombres y mujeres que con abnegación, desprendimiento, sacrificio y entrega, han donado sus vidas al servicio del Señor, a favor de Su Iglesia. Así como muchos terminaron siendo mártires por la causa de Cristo, exponiendo sus vidas y no escatimando vituperios y oprobio, so pena las consecuencias acarreadas, del mismo modo hoy se siguen levantando individuos de estirpe militar que voluntariamente y aún por reclamo y reclutamiento divino deciden unirse a las filas del Capitán de Tres Estrellas, formando el pelotón ministerial para emprender la batalla que se libra en el campo enemigo cuyo Comandante en Jefe es el Ex-General de Brigada Lucifer. Particularmente tengo un gran respeto por los que se dedican a la obra del Señor, tal vez porque en carne propia he sufrido los embates y momentos de agonía propios de la travesía en un mar de oleaje turbulento; tal vez porque he visto sufrir a tantos siervos de Dios que pocas veces reciben reconocimiento y honor por la tarea que desempeñan. Ya sea por lo uno, por lo otro o por sendos, no tardo en admirar a estos fieles valientes, entendiendo porqué se les tiene prometida una corona exclusiva en Los Cielos (I Ped. 5:4).

En este particular, nos encontramos en la Iglesia de Cristo con casos heterogéneos en lo cual no hay un patrón único respecto a la carrera o vocación ministerial. Me refiero a la fuente y el modo en que surgen estos obreros. Dependiendo de la organización o denominación de donde provienen o emergen, atravesarán por un proceso de reclutamiento que va desde la selección de candidatos y prospectos, hasta la instalación, ordenación e imposición de manos en una ceremonia oficial. El factor variante aquí lo es mayormente la preparación previa o la condición académica, social y espiritual del obrero. En muchas denominaciones es prerequisito cursar estudios teológicos en una institución docente, ya sea Instituto Bíblico, Seminario o Universidad Cristiana. No se admite como candidato a ninguno que no ostente un título reconocido en una de las áreas relacionadas con el ministerio eclesiástico. En otras denominaciones no es de capital importancia tener alguna preparación teológica que no sea aquella con la que el Espíritu Santo unge al obrero y le capacita para el servicio; aunque en la mayoría de estos casos su testimonio, madurez, años de experiencia en la vida cristiana, conocimiento y dominio de La Palabra siempre juegan un papel definitorio. Lo que sí he podido comprobar es que aquellos con preparación bíblica formal, en su mayoría, son capaces de conducir y alimentar la grey de manera más efectiva y cabal que aquellos que no han atravesado disciplina académica, salvo algunos casos de sobresalientes auto-didactas; por supuesto sin desdeñar a ningún obrero en particular sólo por el hecho de no contar con dicha preparación, que en muchos casos se debe a razones ajenas a su voluntad.

Otro aspecto en la vocación ministerial es "el llamado". Describimos como llamado a la designación y revestimiento especial con la que el Espíritu Santo comisiona al creyente para dedicarse a la difícil tarea de "pescar hombres" en un plano más consistente. Mucho se ha escrito sobre el llamado divino a las misiones y ministerio pastoral con lo cual me identifico pues soy testigo por mi propio llamamiento de que se trata de una experiencia real y hasta ineludible. Se podría describir como una carga que Dios pone sobre los hombros del señalado y que más le vale sobrellevar pues de lo contrario se torna miserable, inquieto, inconforme, no realizado, perdido. El Apóstol Pablo lo ilustra de la siguiente manera: *"Pues si anuncio el evangelio, no tengo por qué gloriarme; porque me es impuesta necesidad; y ¡ay de mí si no anunciare el evangelio!"* (I Cor. 9:16), y Jeremías lo confiesa así: *"Y dije: No me acordaré más de él, ni hablaré más en su nombre; no obstante, había en mi corazón como un fuego ardiente metido en mis huesos; traté de sufrirlo, y no pude"* (Jer. 20:9).

Indiscutiblemente Dios llama, selecciona y aparta para su obra. Uno de los dones incluidos en las listas carismáticas previamente compartidas, es el don de Pastor-Maestro, el cual consiste en apacentar el Rebaño y trazar de manera diestra Las Escrituras para beneficio de la grey. Si bien es cierto que el Ministerio es una carrera sacrificial, no es menos cierto que es un alto privilegio en el que Dios le plugo escoger a unos pocos como el mismo Señor Jesucristo lo admite cuando dice: *"La mies a la verdad es mucha, mas los obreros pocos; por tanto, rogad al Señor de la mies que envíe obreros a su mies"*

(Luc. 10:2; Mat. 9:37-38). El apóstol Pablo hace alarde de ello en Rom. 11:13 cuando dice: "honro mi ministerio". Desafortunadamente nunca falta un "Diótrefes" o un "Alejandro" o un "Simón" que pretendan sacar ventaja y abusen del ministerio para su propio provecho como lo ilustra Jehová por medio al profeta cuando denuncia: "¡Ay de los pastores de Israel, que se apacientan a sí mismos!" y así continúa por todo el capítulo 34 de Ezequiel dando la merecida reprimenda a aquellos desaprensivos lobos vestidos de pastores. De igual modo lo hace Jeremías en su capítulo 23.

Es una bendición notar en los últimos años la creciente ola de creyentes que deciden lanzarse a las misiones ya sea con carácter indefinido o temporal. Definitivamente Dios se está moviendo en medio de Su Pueblo y no es difícil apreciar el ímpetu y entusiasmo por las misiones en muchos círculos evangélicos. Hoy más que ayer se hace imperativo llevar el Mensaje de Salvación a las naciones en vista a la cercanía de la venida de nuestro Señor, por un lado, y por causa de la proliferación de las epidemias de maldad, corrupción, inmoralidad, delincuencia, vicios, adicción, homicidios, suicidios, estupros y depravación sexual como los son la bigamia, fornicación, orgías, homosexualismo, lesbianismo, bisexualismo, travestismo, bestialismo, fetichismo, voyerismo, sadomasoquismo, pansexualismo, prostitución infantil, sexo cibernético, dominatrismo, transexualismo y otros "ismos" que cada día se siguen añadiendo; cosas por las cuales la ira de Dios se derrama sobre los hijos de desobediencia y sólo nosotros, los que tomamos las misiones en serio, podemos detener o al menos reducir. El mundo de los postreros días se encuentra en tal estado de putrefacción que urge crear y establecer planes de contingencia para "salvar" el planeta con el mejor de los antídotos, del virus letal que cual gangrena lo corroe. No obstante, no sería del todo justo y atinado en mi apreciación si no expreso, por igual, mi preocupación por el reducido volumen de creyentes que se sienten constreñidos e impelidos a lanzarse a la obra en la Viña del Señor. Ya se hace difícil cantar de corazón el viejo himno que decía "Sí, mi anhelo es orar y ocupado siempre estar en la Viña del Señor", puesto que "¡ya no hay tiempo para orar y mucho menos para trabajar en la vendimia del Señor!" como muchos lo comunican en el lenguaje mudo de las expresiones faciales, actitudes, ocupaciones e intereses.

De todos modos, le invito a que sigamos rogando al Señor de la mies que envíe obreros a su mies, y saludemos la determinación de aquellos que sin considerar riesgos ni precariedades, se zambullen cual buzos sin tanques de oxígeno en el pantano cósmico en búsqueda de sobrevivientes.

EQUILIBRIO ESPIRITUAL

Definición, estabilidad y firmeza combinado con flexibilidad, integración y renovación, en otras palabras. O dicho de otro modo, la evasión de extremos y búsqueda del punto equidistante entre todos estos elementos: balance. A esto llamamos Equilibrio Espiritual y en lo que nos ocuparemos en lo adelante a fin de cerrar el tema en cuestión enfatizando el meollo y punto crítico del haber cristiano-evangélico, es decir, de la Iglesia de Cristo sobre la Tierra.

No hay decisión más acertada que perseguir un equilibrio en todo lo que se emprende. El concepto equilibrio se desprende del objeto que conocemos como balanza. La balanza es el artefacto que consta de dos extremos y que permite comparar el peso entre dos o más artículos para identificar cuál de estos tiene mayor o menor peso y lo que se tomaría para equiparar ambos pesos; una vez los artículos colocados en sendas extremidades alcanzan el mismo peso, la balanza muestra uniformidad en sus extremos logrando un equilibrio y medida perfecta a la vista. La idea en el uso de la balanza es evitar y a la vez probar la disparidad, ventaja o similitud de los objetos o artículos examinados de acuerdo a una regla, patrón o medida universalmente establecida o reconocida. El trapecio, similarmente, busca probar la integridad, serenidad, templanza y destreza en el trapecista o equilibrista, quien asistido por una caña, intenta lograr el balance que se requiere para alcanzar el otro extremo de la cuerda en la que apoya sus pies.

Proceso sumamente difícil en el que se requiere mucha pericia, disciplina, consistencia, determinación y arrojo. Este, es decir, el equilibrio, es la clave, por igual, para una vida abundante y más llevadera. Podríamos compararlo también con el individuo y su cuerpo biológico. Todo ser humano consciente procura mantener un equilibrio en su estructura física recurriendo a medios dietéticos, haciendo ejercicios, aplicando masajes somáticos o practicando algún deporte; en otras palabras, buscando un equilibrio, amando y cuidando su cuerpo. Todo mundo evita los extremos físicos como los son la obesidad o la figura esquelética que dé la impresión de deshidratación, bulimia o anorexia. A nadie le es placentero estar enfermo, ya sea por anemia o por falta de vitaminas, carbohidratos y proteínas, así como a nadie le gustaría ser diagnosticado desahuciado o con complicaciones cardiovasculares por causa de exceso de grasa o colesterol. Definitivamente la clave para una vida disfrutable es la salud, el equilibrio. Cuerpo sano, mente sana, son sinónimos de equilibrio y estabilidad; algo que todos no sólo debemos procurar sino que nos es imprescindible para la vida.

La vida no sólo consiste en bienestar físico, sino también en bienestar espiritual. Esta es la razón por la cual hablamos de equilibrio espiritual, de salud espiritual. Cada creyente que se respete a sí mismo y a la Palabra de Dios y que tema a Dios, procurará ocuparse de las "dietas, masajes, ejercitación muscular y alimentación espiritual" que su ser necesita, de lo contrario terminará con distrofia o inanición por desuso o inactividad. De igual modo, si el creyente, por ejemplo, se concentra exclusivamente en ayunar excesivamente, que no deja de ser un gran ejercicio espiritual, terminará con cólicos, desmayos, mareos, convulsiones, deshidratación y hasta pérdida de conocimiento. "Todos los extremos son malos" es una frase que ya zumba en nuestros oídos por las tantas veces que la hemos escuchado y ¡cuánto de cierto tiene! Mi intención en todo este capítulo y aún en todo el libro es demostrar que no nos conviene, porque no es plan de Dios, obsesionarnos con lo que no *es sine qua non*, siendo inflexibles y recalcitrantes en nuestros puntos de vistas, filosofías y tradiciones espirituales y eclesiásticas, llegando al extremo vicioso de la intolerancia, la incomprensión, el prejuicio, la recriminación, el ostracismo, la segregación y el aislamiento. Recalco que no hay pronunciamiento que me propine una mayor "bofetada" que el de Jesús cuando dijo a Juan y a sus discípulos: *"No se lo prohibáis; porque el que no es contra nosotros, por nosotros es"* (Luc. 9:50; Marcos 9:38-40). En otras palabras, no nos creamos los únicos hijos de Dios ni tampoco nos vayamos a creer que somos los hijos predilectos de Dios; en todo caso ya los israelitas se nos adelantaron pues en el trato especial de Dios con ellos, asevera que quien les toca, toca "la niña de sus ojos" (Zac. 2:8). Que no nos suceda como en la anécdota del creyente que partió a la eternidad y el apóstol Pedro le recibe en la puerta del Cielo y de inmediato comienza a mostrarle las maravillas y mansiones celestiales reservadas para los creyentes, y de repente el hermano nota que hay unas mansiones totalmente aisladas de las demás a una distancia considerable y en su curiosidad le pregunta a Pedro: ¿Y aquellas mansiones, por qué están tan separadas de las demás? Y el apóstol responde: *¡Oh, esas están reservadas para los hermanos de la denominación "X" pues ellos siempre pensaron que eran los únicos y verdaderos cristianos y por eso los mantendremos separados aquí también!*

Ciertamente es incómodo comulgar con individuos o sociedades con los que tenemos pocas cosas en común o con los que hay obvias y marcadas divergencias, aún en los aspectos doctrinales y espirituales, pero aun así, estamos llamados a hacer un esfuerzo por encima de lo normal hasta encontrar el elemento compatible y entender que Dios nos ha llamado a la unidad más que a la segregación y que lo mejor que hacemos es acostumbrarnos desde ya a la idea pues en la otra vida será así por toda la eternidad.

Lograr un punto de equilibrio cuesta bastante, pues requiere contar con cierta madurez y experiencia que sólo viene como resultado del estudio objetivo de La Palabra, y esto, cuando nos acercamos a ella sin prejuicio alguno en búsqueda de la dirección divina en los aspectos en los que debemos estirarnos para alcanzar, comprender y aceptar a los demás, o en los que debemos encogernos para evitar contaminación o contagio con lo que definitivamente perjudica a la vida cristiana. No obstante, huelga divisar este punto y empujar por acercarnos a él para que así logremos el balance, la óptima salud espiritual.